Anne Gravier

1001 IDÉES

pour vivre en chrétien toute l'année

Illustrations
Karine Bernadou
Marion Billet
Judith Gueyfier
Emmanuelle Tchoukriel

bayard jeunesse

VOUS TROUVEREZ DANS CE LIVRE :

Des tas d'expériences…

EN PLEIN AIR

Flocons de neige à voir de près 10
Observer les nuages 30
Comme des oiseaux 50
Le réveil de la nature 84
5 sens en éveil dans le jardin 120
Les trésors de la mer 136
Là-haut, sur la montagne 142
La marche 144
La chasse au trésor 152
Un moment dans la nature 154
Dans la nuit d'été 158
Arbre, qui es-tu ? 178
5 sens en éveil dans la nature 196

À LA MAISON

5 sens en éveil à la maison 20
Faites de la musique 130
À table, on s'écoute 167
Face à la violence 190
Vivre le dimanche autrement 202
Qu'est-ce qu'on mange ? 204
En attendant Noël 224
Embellir la maison 234

Des idées de moments à partager…

EN FAMILLE

Un mot pour ceux que j'aime 11
Le respect 22
Semer et cultiver la paix 26
L'unité 32
Stop au bla-bla 34
La brocante des enfants 53
Le tableau des services 61
La chasse aux œufs 81
Un peu d'humour 88
L'anniversaire en famille 90
Ne pas juger 102
Idées pour devenir un bon joueur 113
De l'eau, de l'eau 119
Vacances, attention au départ 124
La joie 129
5 sens en éveil en voyage 146
Le carnet de voyage 148
Habiter dans une cabane 155
Se reposer 162
Semer l'écoute 166
Avec mon parrain et ma marraine 174
Les courses de la rentrée 180
Face à la violence 186
Trois petits jeux silencieux 198
Questions pour une famille 201
Semer et cultiver… la confiance 218

Penser aux autres

La nouvelle année ... 12
Bonjour ! ... 14
Donner de l'attention ... 54
Cadeaux d'anniversaire ... 91
Mille et un gestes ... 98
Des cartes qui disent du bien ... 161
L'amitié ... 182
Face à la différence ... 184
On partage ... 204
Prendre soin ... 212
Donner sans compter ... 220
Chouette, plein de cadeaux ! ... 240

Avec les petits

Drôles de déguisements ... 46
Des mots « cailloux » ou des paroles « fleurs » ? ... 56
À lire ensemble ... 60
Le mime de la graine ... 87
Rire plutôt que gronder ... 89
Le corps, un miracle ... 92
De l'eau et des bulles ... 119
Raconter avec des marionnettes ... 122
Passer par les contes ... 139
Marcher avec les plus jeunes ... 144
Un moment dans la nature ... 154
Marcher dans la nuit ... 158
La ribambelle de mes amis ... 183
Le silence en couleurs ... 199
Soirée contes de Noël ... 232
Crèche vivante ... 246

Des fêtes à célébrer...

Le Nouvel An ... 12
L'Épiphanie ... 16-19
Chandeleur, Mardi gras, et Carnaval ... 44-46
Le Carême ... 54-59
Pâques ... 68-81
Le Jeudi saint ... 70
Le Vendredi saint ... 72
L'anniversaire ... 90
La première communion ... 106
Fête des Mères, fête des Pères ... 114
L'Ascension ... 124
La Pentecôte ... 126
La fête de la Musique ... 130
La fête des voisins ... 132
Le baptême ... 140
Le mariage ... 170
La Toussaint ... 214
L'avent ... 224-235
Noël ... 240-251

De belles et bonnes choses à réaliser

Recette

Galette facile ... 18
Brioche ... 41
Caramel au beurre salé ... 45
Pain de Pâques ... 71
Le (gâteau-)lapin à la carotte ... 79
Plat de lentilles germées ... 86
Ribambelles de verrines ... 115
Eau parfumée ... 118
Quatre-quarts d'été ... 174
Remèdes de grand-mères ... 213
Pomme à l'huile ... 244
Bûche aux marrons ... 245
Vin chaud ... 245

Avec les mains

Flocons découpés ... 10
Boîtes cadeaux ... 16
Couronnes de rois ... 19
Mangeoire pour les oiseaux ... 50
Mini-calendrier de prières ... 59
Maquette de la Semaine sainte ... 68
Œufs décorés ... 80
Cartes de première communion ... 107
L'éolienne, le photophore ... 126-127
L'arbre à mots ... 128
Instruments de musique ... 131
Collier en coquillage ... 137
Pyramide de dragées ... 141
Composition d'automne ... 178
Couronne de l'avent ... 224
Ange de Noël ... 225
Calendriers de l'avent ... 227-229
La crèche ... 231
Décorations de Noël ... 235
Cadeau de naissance ... 239
Calendrier pour l'année ... 247

Des invitations à écouter, à réfléchir, à prier...

Histoire

Histoire des 77 puits ... 33
Déjà chez les Grecs ... 34
Qui est Bartimée ? ... 39
Chez Marthe et Marie ... 64
Les compagnons d'Emmaüs ... 76
Le bon Samaritain ... 100
3 histoires pour ne pas juger ... 103
Les neuf pièces d'or ... 129
Comment raconter la Bible ... 150
Une pierre précieuse ... 210
Les histoires de Noël ... 232

Comprendre

Le symbole de l'étoile ... 17
Le ciel ... 31
La lumière ... 42
Le pain ... 70
Symboles et animaux de Pâques ... 74,78-80
Histoire d'une graine ... 86
Le vent, le feu ... 126
L'eau ... 138
Arbre, qui es-tu ? ... 178
S'interroger ... 200
Petits et gros cailloux ... 210
Les étapes du deuil ... 217
Symboles de Noël ... 225
Dormir : un moment indispensable à la vie ... 252

Méditer

Première pensée du matin 14
La maladie 36
La patience 40
La gratitude 52
Recettes de silence 57
Notre maison intérieure 58
Le mensonge 108
L'humilité 110
Méditation guidée 123
Quand les contraires se rejoignent 142
La bonté 160
Ecouter 167
Parlez-moi d'amour 170
Sur le chemin 194
Chut... semer le silence 198
Mourir 216
Donner 221
La naissance 238
Les mystères de Noël 250
La fin et le début 254

Dieu dans ma vie

Raconter un passage d'Évangile 38
Lorsque je suis faible, c'est alors que je suis fort 36
La lumière du monde 42
Le pardon 62
5 sens en éveil dans une église 94
La présence de Dieu 104
Moments difficiles 125
La communion des saints 125
Départ en pèlerinage 145
Écouter la parole de Dieu 164
Face à la violence 188
Vivre le dimanche autrement 202
La crèche 230
Avant d'aller dormir 253

Prière

Prière du matin 14
Prier pour la paix 25
Aïe ! 37
Dans le secret 59
Un corps qui sait prier 93
Prier avec les mains 98
Ne pas juger 103
Être là 104
Viens Esprit saint 109
Prière de mères 114
Prier sous la douche 138
Loué sois-tu pour la Terre 155
À la source de toute bonté 161
Respiration et prière 162
Écoute 166
La prière de Jésus 164
Avec Marie 172
Loin des yeux près du cœur 182
Dieu si loin, si proche 185
L'Esprit saint qui éclaire 195
Prier sans un mot 199
Le bénédicité 206
Prières de saints 214
Le trésor des psaumes 222
Devant la crèche 248

JANVIER FÉVRIER

SOMMAIRE

Méditer – La neige	p. 9
Flocons de neige – À contempler	p. 10
La nouvelle année	p. 12
Première pensée du matin	p. 14
L'Épiphanie – La fête des Mages	p. 16
L'Épiphanie – J'aime la galette	p. 18
Cinq sens en éveil – À la maison	p. 20
Le respect	p. 22
Prier pour la paix	p. 24
Semer et cultiver la paix	p. 26
Méditer – Les nuages	p. 29
Toucher le ciel	p. 30
L'unité	p. 32
Stop au bla-bla	p. 34
La maladie	p. 36
Paroles d'Évangile – Bartimée est guéri !	p. 38
La patience !	p. 40
« Vous êtes la lumière du monde »	p. 42
Les fêtes – Chandeleur et Mardi gras	p. 44
Les fêtes – Le carnaval	p. 46

« Gel et froidure, bénissez le Seigneur.
Glaces et neiges, bénissez le Seigneur.
Célébrez-le et exaltez-le à jamais. »

D'après Daniel 3,71-72

La neige

Tombée du ciel, silencieuse.
Voici un flocon sur ma main,
cristal transparent.
Il est vite fondu,
mais dans ma mémoire si bien gravé
que je pourrais le dessiner.

VOIR DE PLUS PRÈS

EN PLEIN AIR

Regarder de près les flocons, c'est l'émerveillement garanti. On peut le faire à l'œil nu ou, mieux encore, équipé d'une petite loupe de poche (x 3 ou x 5). Chaque cristal de neige a un dessin unique, mais il a toujours six branches, à cause de la structure de la molécule d'eau. Sa forme finale dépend de la température et du taux d'humidité de l'air. Waouh ! que la neige est jolie !

Prolonger le rêve

Les jours où la neige a fondu, il est possible de continuer à rêver sur www.snowcrystals.com. Ce site – en anglais – explique bien les principes physiques du gel et propose de splendides photos de cristaux de neige.

FLOCONS DÉCOUPÉS

AVEC LES MAINS

Super beaux collés sur une fenêtre !

1 Pliez un carré de papier selon les schémas.

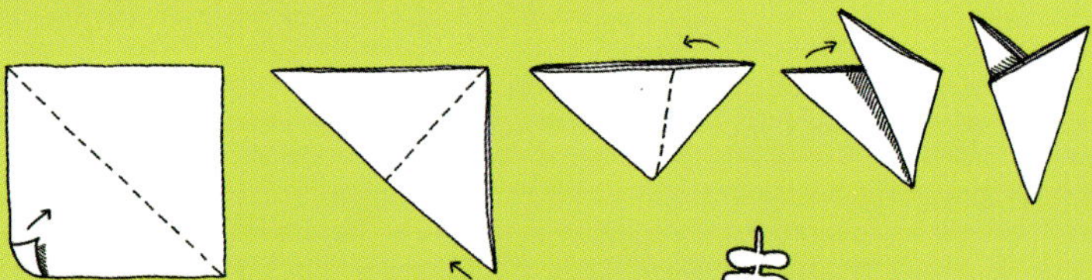

2 Tracez un contour de flocon puis découpez-le.

3 Dépliez le flocon et collez-le sur les fenêtres.

En cas de panne de ciseaux, faites un tour sur http://snowflake.lookandfeel.com

Un mot pour ceux que j'aime

1 Pliez un carré de papier en quatre.

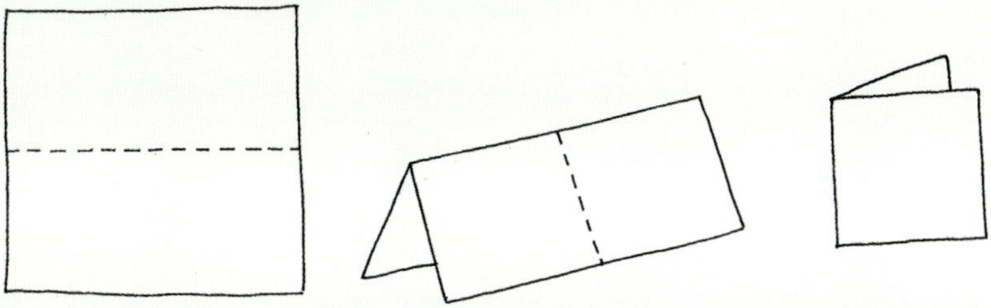

2 Dépliez la feuille et décorez
la première page :
dessinez votre propre flocon,
collez un flocon découpé
ou simplement posez-le
et peignez autour à l'éponge.

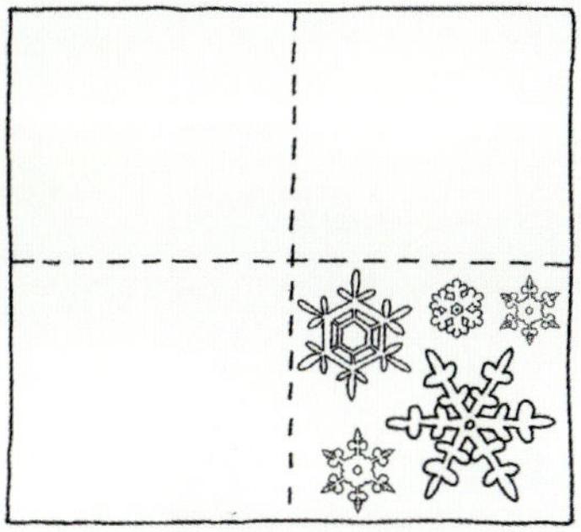

3 Recopiez les versets du Livre
de Daniel (p. 8) ou écrivez un petit mot.

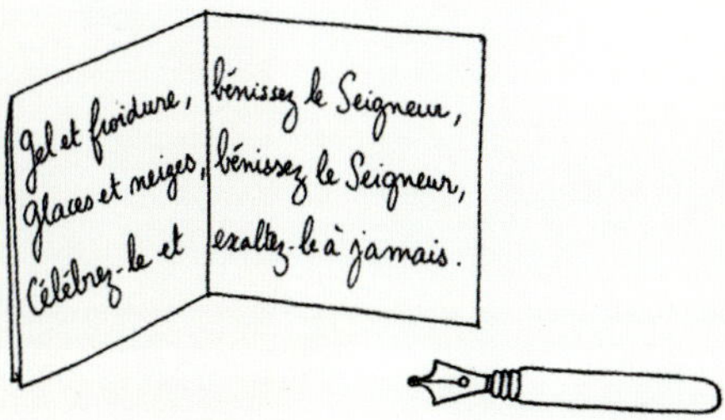

4 Repliez la carte et envoyez-la !

La vie des hommes se tisse au rythme des années, c'est-à-dire du temps qu'il faut à la Terre pour faire un tour complet autour du Soleil. Et nous voilà déjà partis dans les étoiles...
Ce cycle marque en profondeur la vie de chacun entre sa naissance et sa mort : c'est à la fois toujours pareil et toujours nouveau, car chaque instant est neuf et plein de promesses. Vraiment, cela vaut la peine de célébrer la nouvelle année !

PENSER AUX AUTRES

Bonne année, bonne santé !

Pendant les premiers jours de janvier, chacun souhaite une bonne année à toutes les personnes qu'il rencontre. Offrir ses vœux à quelqu'un, c'est lui vouloir du bien. C'est là le sens du mot « bénir ». Alors, le « bonne année » rituel peut s'allonger d'un petit mot particulier pour chacun, pour lui souhaiter non pas tant une année sans encombre (cela n'existe pas) qu'une traversée riche d'expériences qui font grandir.

ÉCHANGES DE NOUVELLES

EN FAMILLE

L'échange des vœux est aussi un moment privilégié pour donner des nouvelles à ceux qu'on ne voit pas souvent. Ce peut être l'occasion d'un coup de téléphone, mais aussi d'un courrier signé de toute la famille. Grâce à Internet, c'est facile. Chaque membre de la tribu résume l'évènement le plus important qui a eu lieu durant l'année écoulée, puis agrémente son texte d'une photo numérique. Clic, c'est parti !

Parmi les destinataires, n'oubliez pas ceux qui ne sont pas connectés : imprimez le courrier, glissez-le dans une enveloppe avec un joli timbre ! Plaisir garanti à l'arrivée !

« Et moi, je suis avec vous tous les jours jusqu'à la fin du monde. » Mt 28,20

Cartes de vœux

Le site www.teteamodeler.com propose plein de bonnes idées pour fabriquer de jolies cartes de vœux, et notamment en s'inspirant du motif de cœur du répertoire traditionnel tyrolien, alsacien...

ÉTRENNES

PENSER AUX AUTRES

Et chez vous ? Quelles sont les personnes qui travaillent pour vous ou vous rendent service toute l'année ?

Fêter la nouvelle année est une tradition très ancienne qui remonterait à 2000 ans avant Jésus Christ. Les traditions du nouvel an ne sont pas d'origine chrétienne. Les étrennes, par exemple, étaient déjà offertes à l'époque romaine. Et, aujourd'hui, à qui donne-t-on des étrennes ? À des personnes qui nous rendent service toute l'année : les pompiers, les éboueurs, le gardien de l'immeuble, le facteur... Souvent, au début du mois de décembre, on a l'habitude de leur donner un peu d'argent ou d'acheter un calendrier. Pourquoi ne pas leur adresser nos bons vœux avec une carte et un petit mot personnel ? Il est possible d'étendre cette agréable tradition à d'autres personnes comme le prof de sport ou de musique, la baby-sitter, un commerçant...

S'il est un moment magique et secret qu'il ne faut pas laisser passer, c'est la première pensée du matin. C'est un instant tout simple, qui dure seulement quelques secondes mais qui peut changer toute une journée. En prendre soin, l'ouvrir à la présence de Dieu par quelques mots ou un silence, cela peut aider à se lever du bon pied…

PRIÈRE

Prière du matin

Seigneur, dans le silence de ce jour naissant,
Je viens te demander
La paix, la sagesse, la force.
Je veux regarder aujourd'hui le monde
Avec des yeux tout remplis d'amour,
Être patient, compréhensif, doux et sage.
Voir au-delà des apparences tes enfants
Comme tu les vois toi-même,
Et ainsi ne voir que le bien en chacun.
Ferme mes oreilles à toute calomnie,
Garde ma langue de toute malveillance.
Que seules les pensées qui bénissent
demeurent en mon esprit.
Que je sois si bienveillant et si joyeux
Que tous ceux qui m'approchent sentent ta présence.
Revêts-moi de ta beauté, Seigneur,
Pour qu'au long de ce jour je te révèle.

Prière attribuée à saint François ou saint Bernard

Retenir de cette prière une phrase qui me touche et la dire chaque matin.

BONJOUR !

PENSER AUX AUTRES

Il y a de multiples façons de se dire bonjour. Mais il en est certaines plus authentiques que d'autres… C'est très rapide, mais en étant attentif à la position de son corps, au ton de sa voix et aux mots choisis, au regard, etc., il est intéressant de repérer si on est engagé ou pas dans ce que l'on fait.

Penser aux autres comme à soi-même… Est-ce que je me dis bonjour chaque matin ?

Une question de point de vue

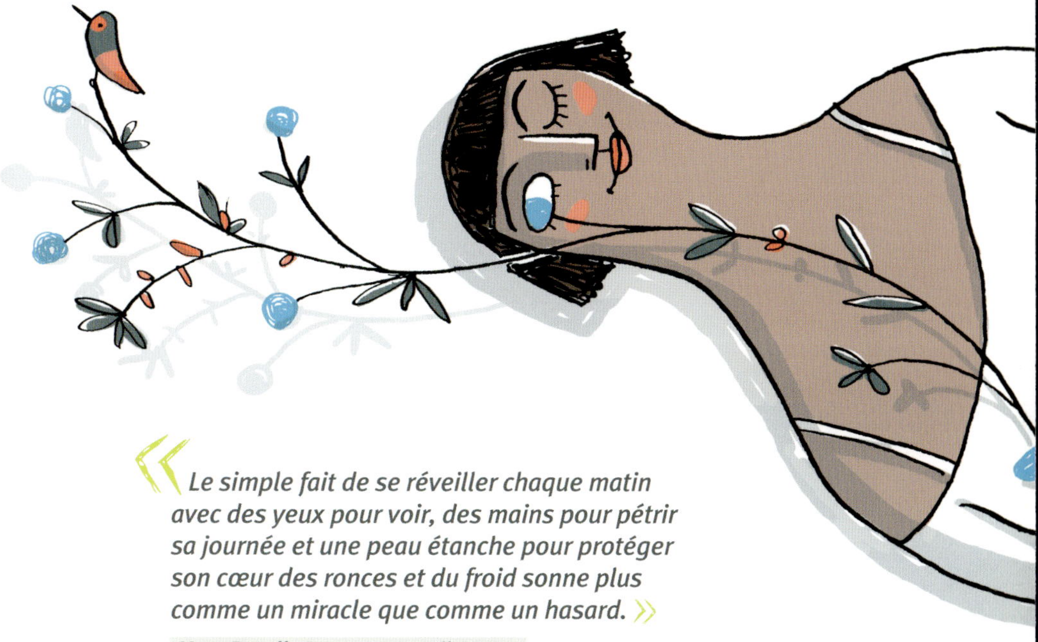

« Le simple fait de se réveiller chaque matin avec des yeux pour voir, des mains pour pétrir sa journée et une peau étanche pour protéger son cœur des ronces et du froid sonne plus comme un miracle que comme un hasard. »

Yves Duteil, *Panorama*, avril 2004.

« Le même geste, la façon dont je me lève, dont je vais à la rencontre de l'autre, dont je caresse mon chat, dont j'arrose mon azalée peut être vécu dans la clarté de l'être ou dans le scrogneugneu... »

Christiane Singer, *conférence à Montréal*, 2004.

« En entrant dans la maison, les Mages virent l'enfant avec Marie sa mère ; et, tombant à genoux, ils se prosternèrent devant lui. Ils ouvrirent leurs coffrets, et lui offrirent leurs présents : de l'or, de l'encens et de la myrrhe. » Mt 2,11

COMPRENDRE

Cadeaux pour un roi

Or

Encens

Myrrhe

- Résine parfumée d'un arbre. On s'en servait au temps de Jésus pour guérir des blessures et pour enduire le corps des morts.
- Offert aux rois, c'est un métal magnifique, brillant et très précieux.
- Résine qui se brûle, elle est offerte à Dieu. Sa fumée sent très bon et s'élève dans le ciel.

Quel or j'offre ? Ce qui m'est le plus précieux ?

Quel encens je brûle ? Du temps préservé rien que pour Dieu ?

Quelle myrrhe j'apporte ? Un geste, une parole qui apaise, qui guérit ?

Matériel :
- 1 boîte en carton
- papiers colorés
- vernis-colle

BOÎTES CADEAUX

AVEC LES MAINS

Soigner la présentation d'un cadeau, ça vaut le coup ! C'est une attention de plus à la personne qui va recevoir ce présent. Et si c'est fait maison, ça fait deux fois plus plaisir !

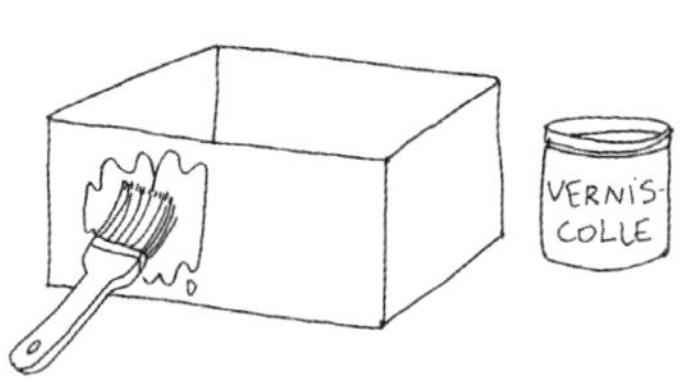

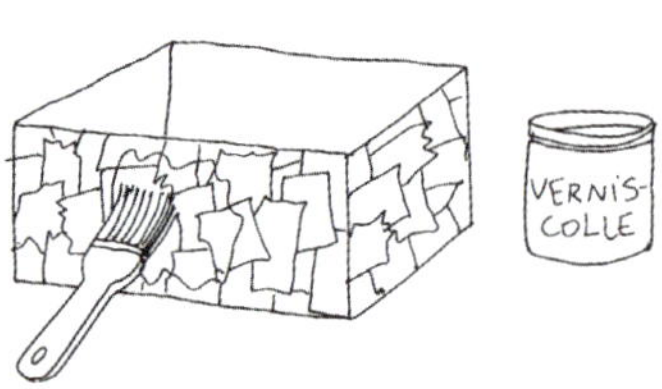

1 Déchirez les papiers colorés en petits morceaux inégaux.

2 Au pinceau, badigeonnez la boîte de vernis-colle et appliquez les morceaux de papier.

3 Ajoutez 1 couche de vernis-colle et laissez sécher.

Le symbole de l'étoile

COMPRENDRE

L'étoile est un symbole que l'on retrouve dans plusieurs religions. Chez les juifs, les deux triangles superposés représentent le lien entre Dieu et les hommes. Chez les chrétiens, elle peut avoir plusieurs sens. Au moment de l'Épiphanie, elle est lumineuse dans la nuit, éclaire l'homme et lui montre le chemin vers Dieu. Car c'est elle qui a guidé les Mages jusqu'à l'enfant.

À chanter

EN CHANSON

« Nous avons vu l'étoile
Et nous venons vers toi.
Nous avons vu l'étoile,
Elle a guidé nos pas. »
Danièle Sciaky, CD *Signes et symboles à travers chants*, vol. 1, SM Studio, 2000

« Quand les Mages virent l'étoile, ils éprouvèrent une très grande joie. » Mt 2,10

Dessiner une étoile

Comment dessiner une étoile à partir de quelques points ? Utilisez un crayon à papier, repassez au feutre sur la forme définitive, puis effacez le crayon.

Étoile à six points...

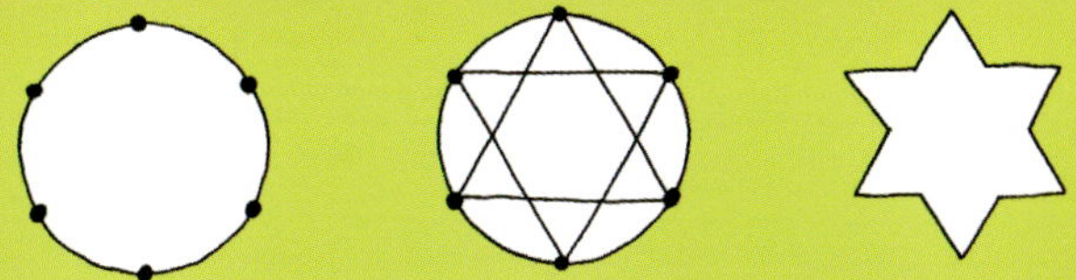

Étoile à cinq points...

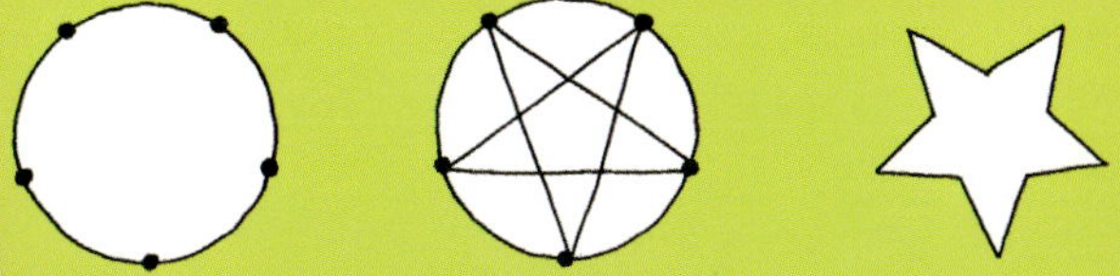

À partir d'un carré...

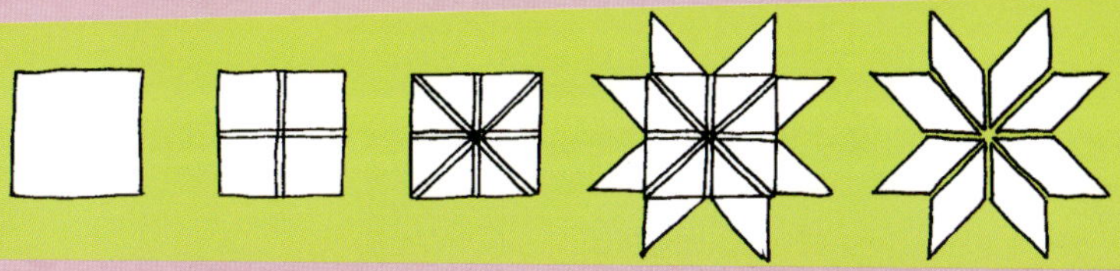

La galette n'est pas une tradition chrétienne et les Évangiles n'ont jamais précisé que les Mages étaient des rois. Mais c'est si bon de la partager, qu'il n'y a pas de raison de s'en priver…

Ingrédients

- 2 disques de pâte feuilletée
- 100 g de beurre frais
- 3 œufs
- 200 g de poudre d'amande
- 100 g de sucre de canne en poudre
- 1 fève

RECETTE

Galette facile

1 Mélangez le beurre fondu, 2 œufs, le sucre et la poudre d'amande.

2 Étalez ce mélange sur le premier disque.

3 Glissez la fève et recouvrez avec le deuxième disque.

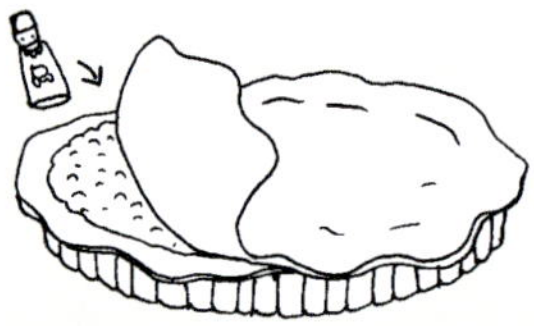

4 Fermez tout le tour de la galette avec une fourchette.

5 Décorez délicatement le dessus avec la pointe d'un couteau.

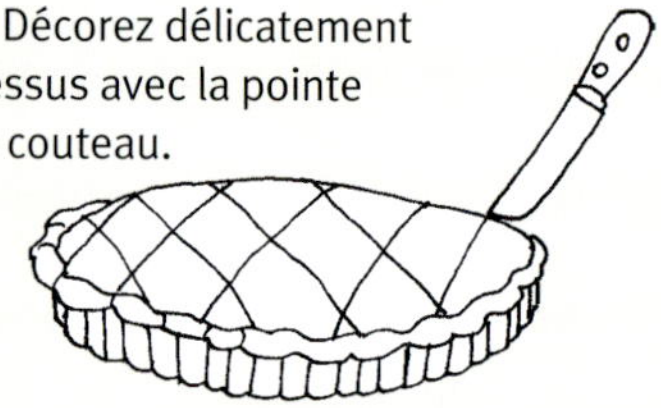

6 Dorez avec le jaune de l'œuf restant.

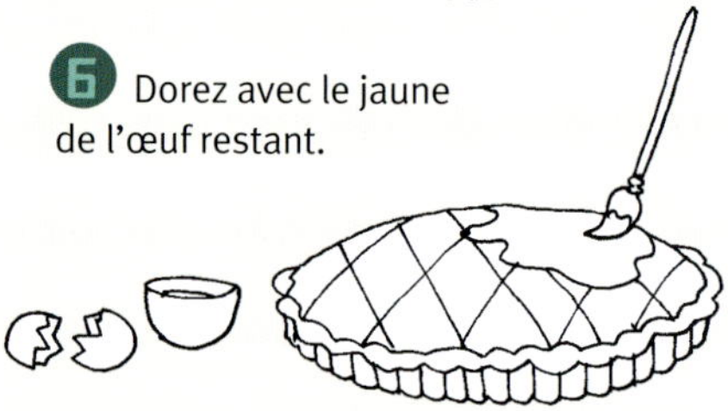

7 Zou ! Au four à 200 °C (th. 7) pendant 25 min.

Idées autour d'une galette

EN FAMILLE

Manger la galette le jour même de l'Épiphanie

Rechercher les fèves en rapport avec la crèche

Inventer des comptines à partir des mots : mages, étoile, présents, roi, couronne, or...

Raconter l'histoire des Mages en famille

Sous le prétexte de partager la galette, rendre une visite-surprise à quelqu'un d'isolé.

Fêter les Rois, c'est aussi l'occasion de (re)tisser des liens au bureau, au club de sport, avec des voisins...

Sur l'air de : « j'aime la galette »

EN CHANSON

J'aime la galette,
La galette des Rois.
Sûr qu'elle est bien faite,
Viens donc avec moi.
Tra la la...

La galette est bonne,
Toute sucrée,
Et sa couronne
Bien dorée !

COURONNES DE ROIS

AVEC LES MAINS

Pour impliquer les enfants dans ce moment de partage, on peut les laisser fabriquer la galette, mais aussi les couronnes.

1 Pliez en accordéon une bande de papier de 60 cm de long et 10 cm de haut.

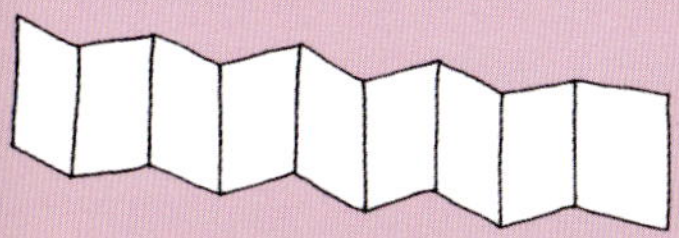

2 Dessinez un motif en conservant des zones de contact à droite et à gauche.

3 Découpez et dépliez.

4 Décorez la couronne avec des feutres, des gommettes...

5 Fermez la couronne par du ruban adhésif ou des agrafes.

Les cinq sens aident à développer l'attention aux choses et aux êtres qui nous entourent.

Le toucher

AVEC LES MAINS

Chacun est comme un arbre qui pousse dans la forêt familiale.
Pour le dire en peinture, n'ayons pas peur de nous salir les mains.

1 Plongez à pleines mains dans la peinture !

2 Imprimez la trace de la main et de chaque doigt.

3 Complétez par le tronc et quelques branches dessinées au doigt.

Le goût

EN FAMILLE

Voici un jeu à faire à table pendant les repas, pour prendre le temps d'apprécier ce que l'on mange : chacun goûte un plat et lui trouve deux qualités.

L'odorat

Ce jeu consiste à trouver qui se cache derrière les *bonnes* odeurs de la maison.

- Le linge propre... qui l'a lavé ?
- Le gâteau qui cuit... qui va le partager ?
- Le café du matin... qui l'a préparé ?
- Les herbes aromatiques du jardin... qui les a plantées ? Qui les cueille ? Qui les mange ?

Continuer la recherche avec toutes les odeurs de la cuisine, du jardin...

LA VUE

Dans l'album de photos de la famille, s'arrêter sur une image, regarder tous les détails, et raconter les souvenirs qu'elle apporte. Un petit plaisir du dimanche...

L'OUÏE

À tester : on ne fait pas tous le même bruit !

- Quand on fait un bisou
- Quand on claque la langue
- Quand on claque des doigts
- Quand on court
- Quand on marche sur la pointe des pieds
- Quand on crie
- Quand on rit
- Quand on tape à deux mains sur ses jambes
- Quand on souffle fort...

Continuer et trouver d'autres bruits bien à soi.

Par définition, tous les membres d'une même famille sont différents et uniques. Et s'accepter différents, ce n'est pas évident. Il faut chaque jour apprendre à se connaître et à se respecter.

EN FAMILLE

Connaissez-vous le dîner débat ?

Le principe est de prendre un temps à table, quand toute la famille est rassemblée. Chacun s'exprime à tour de rôle sur ce qui se vit dans la famille... sans être interrompu. Au premier tour de table, on raconte un évènement qui a plu ; au deuxième, un moment difficile ou raté. Et, après avoir écouté, certains peuvent proposer des solutions. Au troisième tour, chacun émet un souhait.

Attention !
Ce soir-là, le dîner peut prendre un tour très solennel ou très drôle, surtout avec les petits !

COMMENT JE DEMANDE ?

MÉDITER

« Si vous demeurez en moi et que mes paroles demeurent en vous, demandez ce que vous voudrez, cela vous sera accordé. » Jn 15,7

SPORTIF, LE RESPECT !

EN FAMILLE

Toute personne qui fait du sport pratique le respect, envers lui-même et envers les autres. Il existe un code du sportif, affiché dans les gymnases. Ces règles de vie peuvent être transposées à la vie de famille. Pourquoi ne pas rédiger son propre code familial du respect, l'afficher dans la maison et chercher à l'appliquer au quotidien ? Attention, ce n'est pas si facile !

	Le code du sportif	Et selon Jésus ?	Le code de la famille… à compléter !
1	Connaître les règles du jeu et s'y conformer.	*« Si vous m'aimez, vous resterez fidèles à mes commandements. »* **Jn 14,15** *« Mon commandement, le voici : aimez-vous les uns les autres comme je vous ai aimés. »* **Jn 15,12**	Tous les membres de la famille prendront connaissance de ce code, le signeront et feront tout leur possible pour le respecter.
2	Respecter les décisions de l'arbitre.	*« Quand vous dites "oui", que ce soit un oui, quand vous dites "non", que ce soit un non. »* **Mt 5,37**	Ne pas aller demander à maman ce que papa a refusé et vice versa.
3	Respecter adversaires et partenaires.	*« Celui d'entre vous qui est sans péché, qu'il soit le premier à lui jeter la pierre. »* **Jn 8,7**	Ici, passé la porte d'entrée, on ne s'accuse pas !
4	Refuser toute forme de violence et de tricherie.	*« Heureux les doux, ils obtiendront la terre promise. »* **Mt 5,4**	Toujours essayer de discuter avant de crier.
5	Être maître de soi en toutes circonstances.	*« Mais voici ce que produit l'Esprit : amour, joie, paix, patience, bonté, bienveillance, foi, humilité et maîtrise de soi. »* **Ga 5,22**	En cas de colère incontrôlée, taper dans un coussin plutôt que sur quelqu'un.
6	Être loyal dans le sport et dans la vie.	*« Si vous demeurez fidèles à mes paroles, vous êtes vraiment mes disciples. Alors vous connaîtrez la vérité, et la vérité vous rendra libres. »* **Jn 8,32**	Les enfants ne raconteront pas de bobards à leurs parents, ni les parents à leurs enfants.
7	Être exemplaire, tolérant et généreux.	*« Ne jugez pas, et vous ne serez pas jugés. »* **Lc 6,37**	Autoriser de temps en temps les enfants à se servir dans le frigo.

Prier pour la paix, ce n'est pas simplement souhaiter qu'elle se réalise au loin, mais c'est s'engager à la construire à chaque instant de sa journée. Ça vous dit de prendre le même chemin que saint François ?

AVEC LES PETITS

AVEC LES ENFANTS ET AVEC LES MAINS !

Là où est la haine

... l'amour.

Là où est l'offense

... le pardon.

Là où est la discorde

... l'union.

Là où est l'erreur

... la vérité.

Histoire d'amour

PRIÈRE

Là où est la haine, que je mette l'amour.
Là où est l'offense, que je mette le pardon.
Là où est la discorde, que je mette l'union.
Là où est l'erreur, que je mette la vérité.
Là où est le doute, que je mette la foi.
Là où est le désespoir, que je mette l'espérance.
Là où sont les ténèbres, que je mette la lumière.
Là où est la tristesse, que je mette la joie.
Fais que je ne cherche pas tant
à être consolé qu'à consoler,
à être compris qu'à comprendre,
à être aimé qu'à aimer.

Prière attribuée à saint François d'Assise (XIIIe s.)

Vous pouvez retrouver *Les plus belles prières des Saints* adaptées pour les enfants dans un recueil d'Élodie Maurot, Bayard Éditions, 2006, collection Trésors de Prières.

Là où est le doute

... la foi.

Là où est le désespoir

... l'espérance.

Là où sont les ténèbres

... la lumière.

Là où est la tristesse

... la joie.

« Autant que possible, pour ce qui dépend de vous, vivez en paix avec tous les hommes. » Rm 12,18

La paix sur terre, tout le monde en rêve. Dans la réalité, c'est important de commencer à la construire autour de soi, car la paix se propage de proche en proche, comme une onde.

« *Souriez cinq fois par jour à une personne à qui vous n'avez pas du tout envie de sourire. Faites-le pour la paix.* »

Mère Teresa

Pour aller plus loin

***Les mots sont des fenêtres (ou bien ce sont des murs)*, Marshall B. Rosenberg, Éditions La Découverte, 2004. Un livre qui expose et donne les moyens d'une communication non violente. Un vrai trousseau de clés pour ouvrir les portes de la sérénité.**

EN FAMILLE

Le jeu pour la paix

But du jeu

Avant de voir rouge, les joueurs vont aller semer un maximum de graines de paix.

Matériel

- le plateau de jeu à recopier sur une planche de carton
- 24 graines (haricots, lentilles, pépins de citron...)
- 1 dé
- 1 rond rouge en papier (diamètre : 6 cm) découpé en huit quartiers.

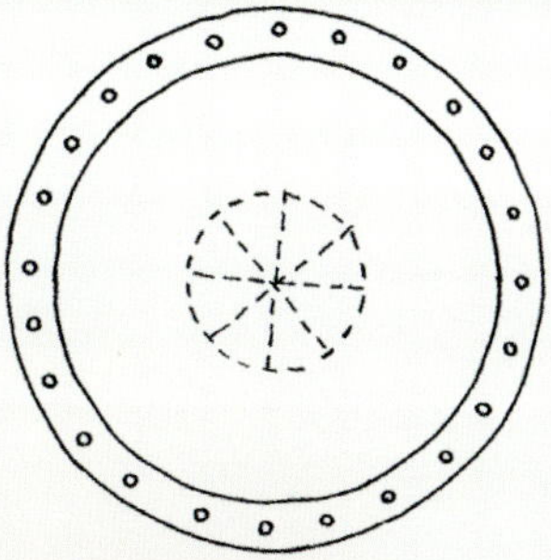

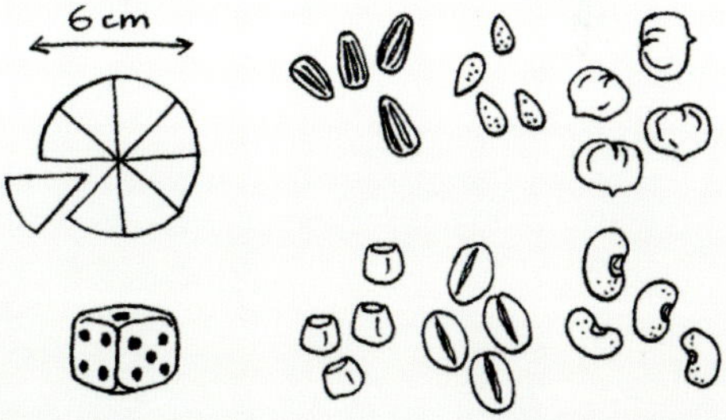

Règle du jeu

- Disposer les graines au centre du plateau.
- Choisir une situation conflictuelle à la maison.
  Exemple : Thibaud laisse souvent traîner ses chaussettes sales.
- À tour de rôle, les joueurs lancent le dé.
- Si on tombe sur 1, 2 ou 3, proposer une, deux ou trois solutions plus ou moins farfelues pour résoudre le conflit paisiblement.
  Exemples : Que Thibaud ait interdiction de porter des chaussettes !
  Aller voir Thibaud et lui dire « chaussettes »...
  Puis prendre 1, 2 ou 3 graines et les « semer » dans les « trous » tout autour du plateau.
- Si on tombe sur 4, faire un geste de paix envers un autre joueur.
- Si on tombe sur 5, passer son tour.
- Si on tombe sur 6, on voit rouge ! Placer un quartier rouge au centre.

Le gagnant est celui qui le premier a semé toutes ses graines. Quand toutes les idées ont été données, on peut compliquer la situation ou choisir un autre conflit.

« Le Seigneur fait monter les nuages
Des extrémités de la terre.
Il produit les éclairs et la pluie.
Il tire le vent de ses trésors. »

Ps 135(134)

Les nuages

Poussés par le vent,
Les nuages traversent le ciel
Et peignent
En gris, en bleu, en noir,
Des personnages
Et des histoires.

COMMENT OBSERVER LES NUAGES ?

EN PLEIN AIR

Relax

Un jour de vent, s'allonger emmitouflé dans l'herbe ou au chaud à l'intérieur tout contre la fenêtre. Fixer ce qui se passe dans le ciel, et rêver. Sur écran géant, c'est un dessin animé qui défile sans fin.

Poétique

« *Que serait un Dieu sans le nuage qui le protège et le recouvre ?* »

Rainer Maria Rilke

Scientifique

Fabriquer un néphoscope. En l'orientant face au ciel et vers le nord, on voit défiler les nuages et on peut déterminer la direction de leur mouvement, trouver vers quelles régions ils vont s'évaporer ou donner leur pluie...

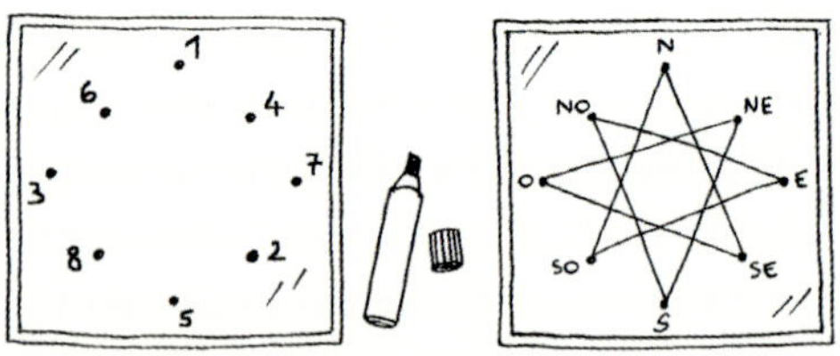

Fabrication du néphoscope :
Sur un miroir de poche, tracez avec un feutre indélébile une rose des vents comme ci-dessus. Pour cela, placez les 4 points cardinaux et les 4 autres points en carré.

IMAGINATIF

Raconter des histoires d'après les dessins que forment les nuages dans le ciel.

Dieu et les nuages

COMPRENDRE

Dans le langage courant, on trouve des expressions avec le mot « nuage » : vivre dans les nuages, être sur un petit nuage... Dans la Bible, on retrouve aussi les nuages, ou plutôt la nuée. Elle est le symbole de la présence de Dieu. En effet, sa position haute dans le ciel exprime la transcendance de Dieu, Dieu plus haut que l'homme. Et son aspect insaisissable qui voile la lumière sans la cacher tout à fait rappelle la nature mystérieuse de Dieu.

CONTEMPLATIF

Regarder simplement un nuage et remercier Dieu de l'avoir créé. Grâce à ce nuage, la terre reçoit de l'eau ; grâce à l'eau, il y a la vie ; grâce à la vie, il y a l'être humain, donc nous tous... Et ça, ce n'est pas rien !

« Que tous, ils soient un, comme toi, Père, tu es en moi, et moi en toi. » Jn 17,21

Vivre l'unité en famille, pas facile ! Une famille idéale est unie, mais en réalité, toute famille vit des séparations dues au temps qui passe, à l'éloignement, aux petits conflits quotidiens ou à des mésententes importantes. Mais il existe de petits moyens pour cultiver l'unité !

L'unité, ce n'est pas l'uniformité

Le tableau des évènements importants : dans la semaine, chaque membre de la famille vit des moments importants pour lui. Ce ne sont pas les mêmes pour tout le monde. On peut les noter sur un tableau en face des jours de la semaine et les afficher bien en vue dans la maison. Cela permet à tous d'être attentifs et proches.

Tous liés les uns aux autres !

EN FAMILLE

Eh oui... Chaque acte, chaque choix a des conséquences sur notre entourage.
C'est comme un filet de pêche où il y aurait autant de brins que de membres dans la famille ou le groupe : chaque maille, c'est un acte, une pensée. Si quelqu'un part dans une direction, bonne ou mauvaise, c'est tout le filet qui est entraîné ; quand quelqu'un agit ou pense négativement, un brin est coupé et il y a un trou dans le filet ; quand quelqu'un corrige ce qu'il a fait ou pensé, le filet est réparé.

L'unité ne se vit pas sans séparations

EN FAMILLE

Notez ici les expériences de séparations qui font grandir : rappelez-vous l'entrée à l'école d'un enfant, le premier départ en voyage, un changement de travail, un déménagement... et trouvez les bonnes choses qui en sont sorties, parfois longtemps après.

L'HISTOIRE DES 77 PUITS

HISTOIRE

Dans un village vivaient 77 familles. Chacune possédait un champ. Un sage qui traversait ce village vit que tous bâtissaient des clôtures pour se protéger, de hauts murs et des portails fermés à clé. « Voilà un village bien malheureux », se dit-il. Mais il vit aussi que, dans chaque champ, il y avait un puits. Alors, il comprit ce que personne n'avait vu jusque-là : ces gens, qui se croyaient séparés et puisaient dans 77 puits différents, étaient en fait réunis par une seule source d'eau, sans laquelle ils n'auraient pas pu vivre.
De même, si nos difficultés du quotidien se situent au ras du sol, l'amour qui nous unit prend peut-être sa source de façon cachée, à une profondeur hors d'atteinte ?

Séparés, mais unis par le cœur

DIEU DANS MA VIE

C'est important d'être relié par la pensée aux êtres que l'on aime. Pour cela, on peut prier pour quelqu'un dont on est séparé, intercéder auprès de Dieu pour lui en le confiant à son amour infiniment grand.

En janvier, les chrétiens des différentes Églises célèbrent la Semaine de l'Unité. Ils prient en commun, les uns pour les autres, en partageant les mêmes mots, comme ceux-ci :

« *Seigneur, fais de nous tes disciples, à l'écoute de ta Parole chaque jour. Sur notre route vers l'unité, donne-nous de savoir espérer les fruits en leur temps. Quand les préjugés et la méfiance l'emportent, aide-nous à être humbles et patients, afin de nous réconcilier. Nous t'en prions.* »

D'après la prière du 22 janvier 2008, Semaine de l'Unité des chrétiens.

Déjà chez les Grecs...

HISTOIRE

Voici une histoire qu'aurait racontée le philosophe Socrate (Ve s. av. J. C.) :
Alors que quelqu'un vient lui parler de l'un de ses amis, Socrate interrompt son visiteur. Il lui demande de filtrer dans trois passoires ce qu'il s'apprête à lui dire.
La première passoire est celle de la vérité : a-t-il vérifié si son information est vraie ? La réponse est non, il en a simplement entendu parler.
La deuxième passoire est celle de la bonté : l'histoire apporte-t-elle quelque chose de bon ? La réponse est non, bien au contraire.
La troisième passoire est celle de l'utilité : est-ce utile pour Socrate d'entendre ces propos ? La réponse est encore non.
Socrate pose alors cette question à l'homme :
« Pourquoi vouloir me raconter quelque chose qui n'est ni vrai, ni bon, ni utile ? »

MÉDITER

Déjà chez les Hébreux...

« Seigneur, mets une garde à ma bouche, veille sur la porte de mes lèvres. » Ps 141(140)

Et chez les premiers chrétiens...

« Qu'aucune parole mauvaise ne sorte de votre bouche : dites seulement des paroles utiles, qui répondent à un besoin et encouragent autrui. » Ep 4,29

MOTS PRÉFÉRÉS

À LA MAISON

Il y a des mots que l'on aime tout particulièrement : saperlipopette, délicieusement, noctambule… Pour en faire profiter tout le monde, les écrire et les afficher dans la maison.

On a aussi nos phrases préférées, les citations qui nous ont émus… Les recopier sur des petits papiers et les cacher partout dans la maison : sous un coussin, dans la pile de linge, dans un livre ou dans la boîte de biscottes. Qui les trouvera, et quand ? Surprise…

POÈME À QUATRE MAINS

PENSER AUX AUTRES

Savoir dire aux gens qu'on les aime, ce n'est pas si facile ! Pourtant, avec un feutre et une jolie carte, c'est possible ! Pour composer un poème à plusieurs, chacun invente deux rimes et les écrit de sa propre main… Glisser la carte dans l'enveloppe, c'est parti !

SOIRÉE POÉSIE

EN FAMILLE

Envie d'une soirée qui change de l'ordinaire, d'un moment ouvert à la créativité, où chacun puisse s'exprimer à sa façon ? Vous pouvez organiser une soirée poésie, et ainsi célébrer notre langue en donnant du poids aux mots.

Au choix, chacun pourra :
- réciter la poésie de l'école, qu'il préfère
- lire un beau texte, les paroles d'une chanson
- partager quelques mots qu'il a lui-même écrits
- chanter
- jouer avec les mots

ET UNE PINCÉE DE SPIRITUALITÉ

Raconter une histoire de la Bible, révéler chacun son verset d'Évangile préféré, lire une prière que l'on trouve belle, chanter un refrain connu, inventer un texte à partir d'un mot clé et des autres mots qui partagent la même rime…
Paix, respect, aspect, toupet, épais…
Amour, bonjour, carrefour, demi-tour, toujours…
Disciple, périple, multiple, triple…

DIEU DANS MA VIE

« Lorsque je suis faible, c'est alors que je suis fort. »

C'est saint Paul qui a écrit cette phrase, dans une lettre qu'il adresse à des chrétiens (2 Co 12,10). Dans l'Évangile, Jésus va très souvent à la rencontre de personnes malades. Comment est-il auprès d'eux ?
Proche, il les touche souvent.
Attentif, il les entend crier, il les écoute.
Actif, il les aide à vaincre leur maladie.
Et, quand lui-même souffre, il est encore un modèle pour nous.

De même, chaque homme peut se sentir appelé dans son quotidien à être proche, attentif, actif auprès de gens malades, ou à vivre sa propre maladie de la façon la plus juste, comme Jésus l'a enseigné.

CONTRE LA SOLITUDE

AVEC LES MAINS

Pour accompagner un proche malade et signifier leur présence, petits ou grands peuvent fabriquer une image-chevalet qu'ils lui offriront.

1 Choisissez une image évocatrice de votre présence pour cette personne : la photo d'un bon souvenir, un joli tableau, une icône découpée dans un magazine...

2 Collez-la sur une feuille de couleur.

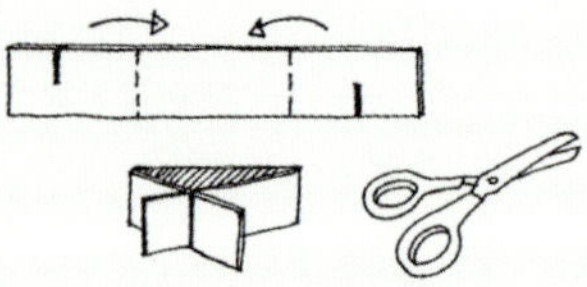

3 Découpez une languette de carton et collez-la à 1,5 cm du bord pour faire un chevalet.

COMPRENDRE

Enfants malades

Beaucoup d'associations se créent autour de la maladie. L'association Sparadrap a pour but d'aider les familles et les professionnels quand un enfant est malade ou hospitalisé. Elle édite des documents accessibles et très bien faits qui permettent de dialoguer, même sur les sujets difficiles. Le catalogue est consultable sur le site www.sparadrap.org, qui propose aussi des conseils, des témoignages.

Aïe !

PRIÈRE

Seigneur,
Je suis malade,
mon corps me fait mal.
Je suis triste et fatigué
et je sens mon cœur qui se ferme.
Tu es venu pour les malades.
Quand tu les rencontres,
ils retrouvent la force.
Aide-moi à me sentir bien près de toi,
à sentir ta présence
chez ceux qui me soignent,
ta tendresse
chez celui qui vient me parler,
ta douceur
chez celui qui s'assied près de moi
et me prend la main,
ton amour si grand et si simple,
chaque jour.
Ainsi, je saurai à nouveau
que je ne suis jamais seul.

Je peux aussi prier en pensant à quelqu'un qui est malade. Il suffit de changer quelques mots : « Seigneur, Isabelle est malade, son corps lui fait mal... »

Un témoignage POUR AGIR

MÉDITER

Le docteur Christine Janin a atteint un jour la montagne la plus haute du monde. Depuis, au sein de l'association À chacun son Everest, elle aide des enfants gravement malades à affronter leur maladie comme on gravit un haut sommet. L'épreuve devient une traversée dont les étapes peuvent s'appliquer à bien des domaines de la vie : résister, apprendre, avancer... Une aventure à lire en ligne sur www.achacunsoneverest.com, rubriques nos publications ; la métaphore.

Raconter un passage de l'Évangile

Avec les mains

Voici comment fabriquer une silhouette articulée qui permet de raconter l'aventure de Bartimée.

Matériel

- photocopie des dessins sur papier épais
- feutres
- ciseaux
- ruban adhésif

Bartimée est guéri
(Mc 10,46-52)
Alors que Jésus sortait de Jéricho avec ses disciples et une foule nombreuse, un mendiant aveugle, Bartimée, le fils de Timée, était assis au bord de la route. Apprenant que c'était Jésus de Nazareth, il se mit à crier : « Jésus, fils de David, aie pitié de moi ! » Beaucoup de gens l'interpellaient vivement pour le faire taire, mais il criait de plus belle : « Fils de David, aie pitié de moi ! »

Jésus s'arrête et dit : « Appelez-le. » On appelle donc l'aveugle, et on lui dit : « Confiance, lève-toi ; il t'appelle. » L'aveugle jeta son manteau, bondit et courut vers Jésus. Jésus lui dit : « Que veux-tu que je fasse pour toi ? » « Rabbouni, que je voie. » Et Jésus lui dit : « Va, ta foi t'a sauvé. » Aussitôt, l'homme se mit à voir, et il suivait Jésus sur la route.

1 Photocopiez le modèle sur un papier épais. Découpez les deux cartes rectangulaires et le personnage. Coloriez le personnage.

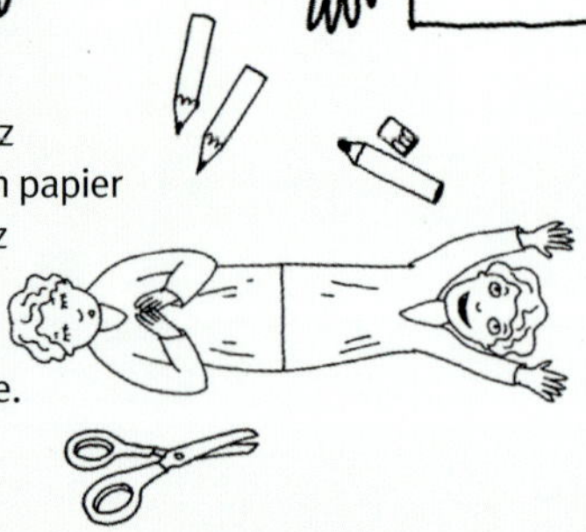

2 Pliez le rectangle blanc en deux et collez les deux parties pour qu'il ne puisse pas se déplier. Répétez l'opération avec la carte écrite.

3 Placez le personnage sur la carte blanche et ajoutez par-dessus la carte écrite.

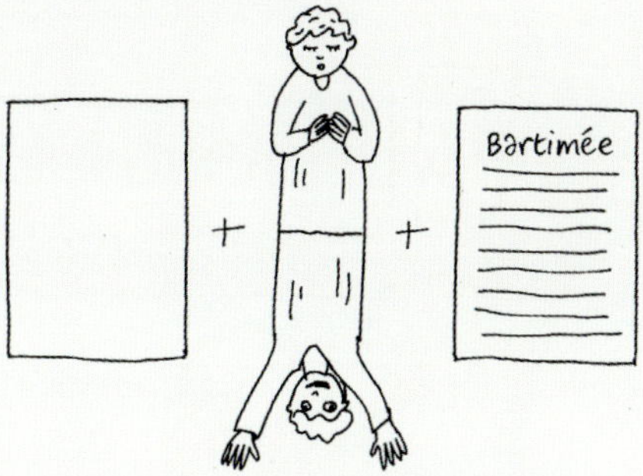

4 Fixez le tout avec le ruban adhésif. Le personnage doit être immobilisé entre les deux rectangles.

5 Lisez la première partie de l'histoire puis basculez les cartes pour lire la seconde partie.

HISTOIRE

QUI EST BARTIMÉE ?

La rencontre de l'aveugle Bartimée avec Jésus est du genre renversant. Bartimée, c'est un homme blessé dans son corps, passif, au bord du chemin, révolté, dépendant des autres et méprisé par eux. Un exclu, quoi. À la fin de l'histoire, cet homme est guéri, il s'est levé, il voit, marche sur la route, il est réconcilié, autonome, il se sait aimé. Mais que s'est-il passé ? Visiblement, une rencontre. La rencontre avec Jésus de Nazareth. Bartimée a accepté de mettre toute sa confiance en cet homme. Du coup, il se fiche du reste. Il lâche tout, même son manteau. Et, alors qu'il n'y voit toujours rien, il va vers Jésus. À vue humaine, il est fou, ce gars ! Mais d'avoir perçu, dans le brouhaha du monde, le passage de Jésus près de lui, cela a changé sa vie. Elle n'est pas pour autant devenue une vie facile, mais une vie vivante.

Vivre Pâques, c'est un peu cela : traverser une difficulté, quelque chose qui rend mort, et laisser se faire la transformation en quelque chose de vivant, ressusciter. Pour aider les personnes gravement touchées par la maladie à vivre ce passage, l'Église propose le sacrement des malades.

ÊTES-VOUS UN PÊCHEUR PATIENT SACHANT PÊCHER PATIEMMENT ?

MÉDITER

La pêche, paraît-il, développe chez ceux qui la pratiquent la vertu de la patience. Repérez dans votre quotidien ou choisissez dans la liste page suivante une situation où votre impatience prend le dessus de façon quasi incontrôlée. Lisez un par un les conseils du pêcheur patient et essayez de trouver comment les appliquer à la situation. Courage et bonne pêche !

1 **Attendre longtemps entre l'acte et l'objectif fixé.**

2 **Rester calme, silencieux, ne pas s'énerver.**

3 **Supporter certaines contrariétés.**

4 **Accepter la déception d'une pêche dont on revient bredouille.**

5 **Savoir reconnaître la valeur du résultat obtenu.**

RECETTE

LA BRIOCHE, ELLE SAIT SE FAIRE ATTENDRE !

Préparation : 15 mn
Attente : une nuit et une heure
Cuisson : 35 mn

Ingrédients :

- 350 g de farine
- 175 g de beurre
- 1 cuillerée à café de sel
- 40 g de levure de boulanger
- 2 cuillerées à soupe d'eau tiède
- 4 œufs
- 50 g de sucre en poudre

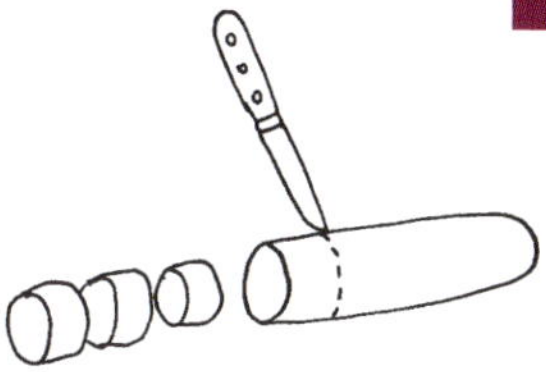

1 La veille au soir, mélangez la farine, le sel, le sucre, les œufs, le beurre fondu, la levure délayée dans l'eau. Travaillez-bien la pâte. Si elle colle, rajoutez un peu de farine. Mettez-la dans un récipient couvert dans le réfrigérateur.

2 Le lendemain matin, farinez le plan de travail, travaillez la pâte en boule, puis étalez-la. Roulez-la en boudin et coupez-la en 8 morceaux. Mettez-les dans un moule beurré et fariné. Laissez lever dans un endroit tiède environ une heure.

3 Mettez à four chaud (250 °C, th. 8) pendant 35 minutes. Sortez la brioche. Patience ! Il faut la laisser un peu refroidir avant de la partager… et de la manger !

« Revêtez votre cœur de tendresse et de bonté, de douceur et de patience. » D'après Col 3,12

Où la patience s'avère bien utile

- Coincé dans les embouteillages
- Dans la salle d'attente de l'hôpital
- Pour apprendre les tables de multiplication
- Pour faire pousser une plante
- Dans la traversée d'une maladie
- Pour construire une amitié
- Pour se supporter en famille

Et chez vous, c'est à quel moment ?

La lumière

DIEU DANS MA VIE

Un jour, Jésus s'adresse à ses disciples et leur dit : « Vous êtes la lumière du monde. Une ville située sur une montagne ne peut être cachée. Et on n'allume pas une lampe pour la mettre sous le boisseau ; on la met sur le lampadaire et elle brille pour tous ceux qui sont dans la maison. » (Mt 5,14-15)

Que fait une ampoule quand on la branche sur une pile ? Elle s'allume. De même, on peut comprendre ce que devient la vie d'un chrétien quand il se branche sur le Christ : elle s'éclaire et devient lumière pour les hommes. La pile a besoin de l'ampoule pour éclairer, mais l'ampoule ne peut rien sans la pile, origine de la lumière.

Un symbole éclairant

COMPRENDRE

Dans la Bible, la lumière est un symbole très présent. S'opposant à l'obscurité, elle est associée à la présence de Dieu, donc à la Vie et à l'Amour. Comme le soleil qui se lève chaque matin et fait disparaître la nuit, la lumière de Dieu est plus forte que la haine et la mort.

« *La lumière du monde ne vient pas du monde : elle vient de l'embrasement de ces cœurs purs, épris plus que d'eux-mêmes de la simplicité radicale du ciel bleu, d'un geste généreux ou d'une parole fraîche.* »

Christian BOBIN, *La Lumière du monde*, Gallimard, 2001.

ÉCLAIRER SA JOURNÉE À LA LUMIÈRE DE JÉSUS

AVEC LES PETITS

Choisissez sept moments de la journée (se lever, rencontrer quelqu'un, prendre soin de soi ou des autres, contempler, prier...) et symbolisez-les par sept lampes. Demandez à votre enfant s'il y a, parmi ces moments, certains où Dieu a été plus présent, par l'intensité ou la simplicité de ce qui a été vécu. Reliez alors l'ampoule aux deux branches de la pile et coloriez-la en jaune.
Quelques talents de bricoleur électricien permettront de fabriquer un vrai montage et de rendre cette comparaison encore plus « lumineuse ».

Dieu est là

Ce jeu est un moyen de faire percevoir à l'enfant que Dieu est présent dans tous les moments de notre vie, quand on pense à lui, quand on agit, quand on voit de belles choses, mais aussi dans les moments de peine.

COMPRENDRE

Origines de la Chandeleur

Fêtée le 2 février, quarante jours après Noël, la Chandeleur tient son nom du mot « chandelle ». Depuis toujours, les hommes aiment fêter la lumière au sortir de l'hiver. Chez les chrétiens, cette fête est devenue celle de la Présentation de Jésus au Temple par ses parents. Cet évènement est raconté dans l'Évangile selon Luc (Lc 2,22-38). Suivant la coutume juive, Joseph et Marie emmenèrent leur fils au Temple quarante jours après sa naissance. Ce jour-là, un vieillard nommé Syméon reconnut Jésus comme étant la lumière du monde.

COMPRENDRE

DÉBUT DU CARÊME

Le Mardi gras précède le mercredi des Cendres. Sa date change chaque année : il faut commencer par trouver la date du dimanche de Pâques, dimanche qui suit la pleine lune après le 21 mars. On retire ensuite les quarante jours du Carême plus six dimanches. Si ce jour s'appelle « gras », ce n'est pas parce qu'il est plus gros que les autres. Tout simplement, on a toujours bien aimé manger ce jour-là, avant d'entrer dans les quarante jours maigres du Carême.

PÂTE À CRÊPES FACILE

RECETTE

Traditionnellement, le jour de la Chandeleur et le jour de Mardi gras, on fait des crêpes, qui rappellent la forme du soleil.

Ingrédients :

- 4 œufs
- 1 pincée de sel
- 250 g de farine
- 1/2 l de lait
- 1 cuillerée à soupe d'huile
- 1 sachet de sucre vanillé

1 Versez la farine et le sucre vanillé au fond d'un saladier.

2 Faites un puits au milieu de la farine, et mettez-y le sel, l'huile et les œufs.

3 Puis mélangez en rajoutant le lait petit à petit.

IDÉES LUMINEUSES

La Chandeleur étant la fête des chandelles, éteignez chez vous toutes les lumières électriques et prévoyez une soirée éclairée à la bougie.

Quelques pliages de crêpes

En triangle

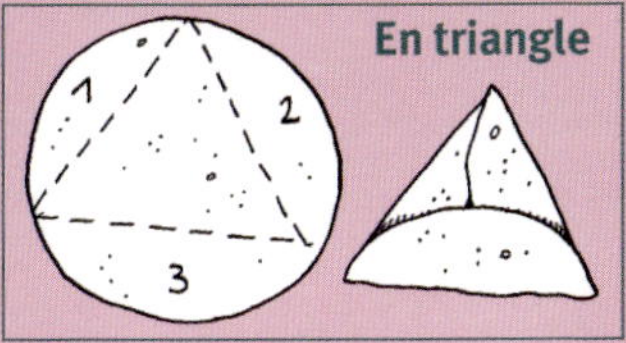

En carré

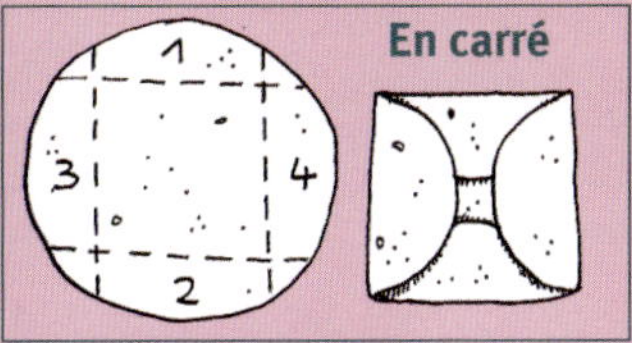

En enveloppe

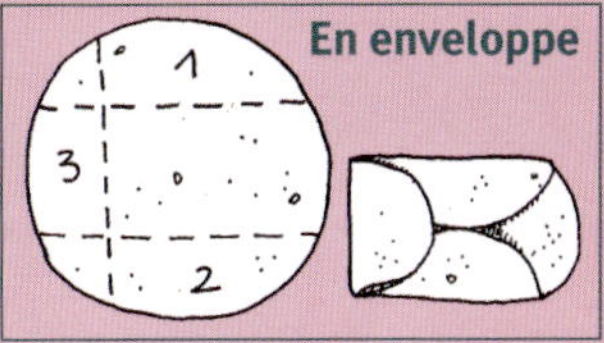

En éventail

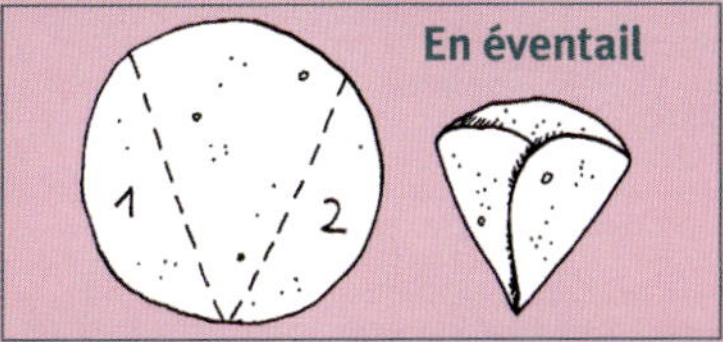

En aumônière

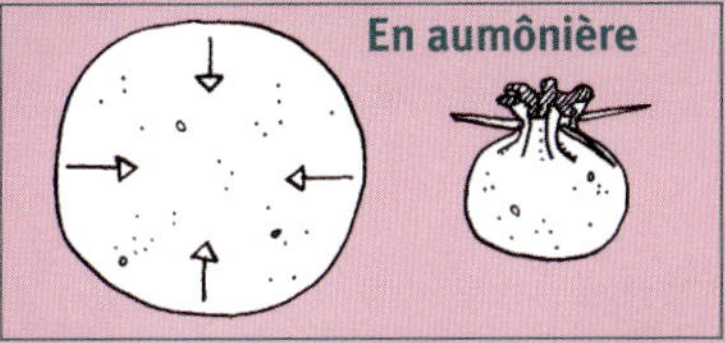

En cornet

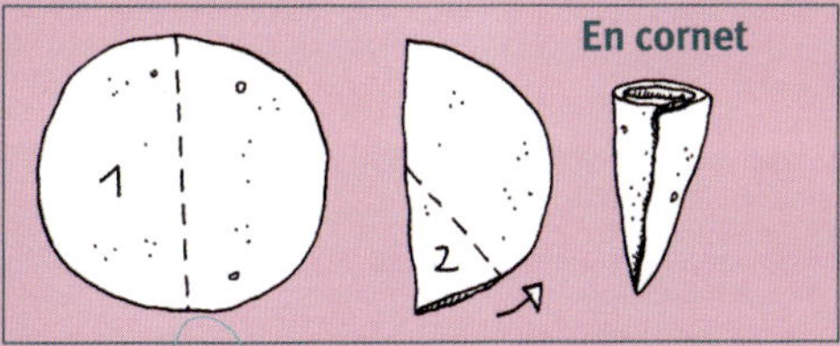

En pannequet

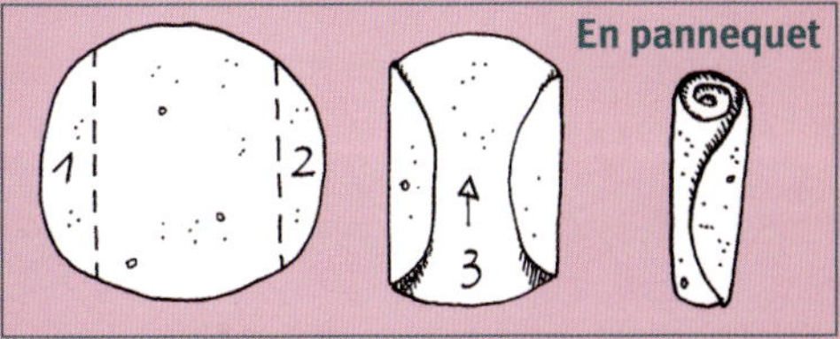

Caramel
au beurre salé

Pour mêler la saveur du sel (de la terre) au symbole de la lumière (du monde), voici la recette du caramel au beurre salé. Attention, le caramel, ça brûle... À concocter avec un adulte !

Ingrédients :
- 100 g de sucre
- 40 g de beurre salé
- 20 cl de crème fraîche

Chauffez le sucre pour le transformer en caramel. Rajoutez le beurre et la crème, et faites cuire 5 min.

LE SAVIEZ-VOUS ?

Devoir une fière chandelle à quelqu'un, c'est lui être reconnaissant pour une aide apportée. Cela vient de l'usage d'allumer un cierge dans les églises pour remercier Dieu.

JOUR DE CARNAVAL

COMPRENDRE

Mardi gras est aussi le jour traditionnel du carnaval. Cette fête tire son nom du latin *carnis levare*, qui veut dire « retirer la viande ». Pendant longtemps, il n'était pas permis de manger de la viande pendant les jours maigres du Carême. Aujourd'hui, les jours où les chrétiens se privent volontairement de nourriture sont surtout le mercredi des Cendres et le Vendredi saint (voir p. 56 et p. 72).
La fête du carnaval persiste dans beaucoup de pays chrétiens : il est d'usage de se déguiser et de se régaler avec des mets gras et sucrés.

AVEC LES PETITS

DRÔLES DE DÉGUISEMENTS

En général, se déguiser est une façon de se cacher, mais on pourrait prendre ce principe à contre-pied et se costumer pour mieux dévoiler qui l'on est.

Réfléchir à ce qui caractérise chaque membre de la famille :

un trait de caractère (curieux, ponctuel, studieux...), une qualité (rieur, doux...), un talent (artiste, bricoleur...), une passion (collectionner, jardiner...).

Inventer les costumes à partir de matériel chiné dans la maison :

drap, chutes de tissu, vieux chapeau... Il est possible aussi de dessiner des motifs à la peinture sur un vieux tissu ou d'y accrocher des accessoires avec une agrafeuse ou un bout de ficelle.

MARS
AVRIL

MARS AVRIL

SOMMAIRE

Méditer – Petit oiseau	p. 49
Comme des oiseaux	p. 50
La gratitude	p. 52
Le Carême – Le partage	p. 54
Le Carême – Le jeûne	p. 56
Le Carême – La prière	p. 58
Les disputes	p. 60
Le pardon	p. 62
Paroles d'Évangile – Chez Marthe et Marie	p. 64
La serviabilité	p. 66
La montée vers Pâques	p. 68
Le Jeudi saint	p. 70
Le Vendredi saint	p. 72
Lumière de Pâques	p. 74
Paroles d'Évangile – Sur la route	p. 76
Symboles de Pâques – Les animaux	p. 78
Symboles de Pâques – Les œufs	p. 80
Méditer – Le printemps	p. 83
Le réveil de la nature – Les pouces verts	p. 84
Histoire d'une graine	p. 86
Un peu d'humour	p. 88
L'anniversaire en famille	p. 90
Le corps, un miracle	p. 92
Cinq sens en éveil – Dans une église	p. 94

« Regardez les oiseaux du ciel,
ils ne sèment ni ne moissonnent,
et ils n'amassent rien dans les greniers ;
et votre Père céleste les nourrit ! »

Matthieu 6,26

Petit oiseau

Si fragile sur ma main,
Si doux, si léger,
Si beau à regarder,
Si charmant à écouter,
Petit oiseau,
Reste un peu là
Avant de t'envoler !

Prendre en exemple les oiseaux, on n'y pense pas forcément. Et pourtant ! À y regarder de plus près, c'est vrai qu'ils n'amassent rien, font confiance et chantent à longueur de temps. Y a-t-il là une sagesse à découvrir ?

Festin De piaf

Pendant les périodes de grand froid, il devient difficile pour les oiseaux de trouver leur nourriture. Voici une recette pour leur donner des forces :

1. Concassez des fruits secs : noix, noisettes, cacahuètes ni salées ni grillées, raisins...
2. Mélangez-les avec du beurre.
3. Attention, ne donnez jamais d'aliments salés ni de pain !

Avec les mains

Mangeoire

Pour observer les oiseaux de près, on peut leur fabriquer une mangeoire.

1 Dans une bouteille en plastique, ouvrez une petite fenêtre à l'aide d'un cutter.

2 Rabattez-la vers le bas pour en faire une piste d'atterrissage.

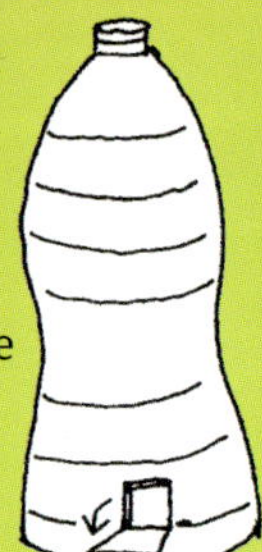

3 Versez des graines dans le fond de la bouteille.

4 Suspendez-la en hauteur, hors de portée des chats.

MARS AVRIL

Cui-cui ! CROA-CROA ! pfuit-pfuit ! piou-piou !

COMPRENDRE

C'est en mars-avril que le chant des oiseaux est le plus intense, car c'est la période de reproduction. À l'aube, c'est un véritable concert symphonique : tous à la fois, ils commencent leur journée en chantant pour définir leur territoire.

Pour grandir en simplicité, volez à tire-d'aile jusqu'à la page 110 ; pour trouver quelques graines de joie, picorez page 128 ; et pour grandir en confiance, faites votre nid page 218.

UN LIVRE QUI EMMÈNE PLUS LOIN

Hubert Reeves, ***Oiseaux, merveilleux oiseaux – Les dialogues du ciel et de la vie,*** Points, 2003.
Quand un astrophysicien se met à observer les oiseaux, le voyage prend les dimensions impressionnantes de l'univers et de la création tout entière.

UN FILM QUI DONNE DES AILES

EN FAMILLE

Le peuple migrateur de Jacques Perrin.
« Regardez les oiseaux du ciel... », c'est ce qu'a fait ce réalisateur en suivant le vol de centaines d'oiseaux. C'est passionnant de suivre toutes les péripéties qu'ils rencontrent pendant leurs aventureuses migrations.

Sentiment de reconnaissance, on pourrait dire de la gratitude qu'elle répond à la gratuit'attitude. C'est alors un mouvement du cœur, un merci profond pour quelque chose qui nous a été donné sans la moindre trace de calcul. Pour s'ouvrir à la gratitude, s'exercer à la gratuité est nécessaire…

Un entraînement quotidien

MÉDITER

1 Rechercher ce qui, dans notre monde marchand, ne s'achète toujours pas : l'air que l'on respire, l'amitié, le chant d'un oiseau…

2 Se remémorer chaque soir trois moments de la journée où l'on a été aimé gratuitement et trois autres où l'on a aimé gratuitement.

3 Repérer, chaque fois qu'on est déçu ou vexé, ce qui se cache derrière ce sentiment : a-t-on donné gratuitement ou attendait-on quelque chose en retour ?

4 Ne jamais rater l'occasion d'offrir son sourire. Mère Teresa disait qu'on ne savait jamais tout le bien qu'un sourire était capable de faire.

Un sourire

MÉDITER

« Un sourire ne coûte rien et produit beaucoup,
Il enrichit celui qui le reçoit sans appauvrir celui qui le donne,
Il ne dure qu'un instant, mais son souvenir est parfois éternel,
Personne n'est assez riche pour s'en passer,
Personne n'est assez pauvre pour ne pas le mériter,
Il crée le bonheur au foyer, soutient les affaires,
Il est le signe sensible de l'amitié.
Un sourire donne du repos à l'être fatigué,
Donne du courage au plus découragé,
Il ne peut ni s'acheter, ni se prêter, ni se voler,
Car c'est une chose qui n'a de valeur qu'à partir du moment où il se donne.
Et, si toutefois vous rencontrez quelqu'un qui ne sait plus sourire,
soyez généreux, donnez-lui le vôtre,
Car nul n'a autant besoin d'un sourire que celui qui ne peut en donner aux autres. »
Raoul Follereau

Pour en savoir + sur Raoul Follereau, allez voir sur le site de la fondation www.raoul-follereau.org

LA BROCANTE DES ENFANTS

EN FAMILLE

Les enfants ont dans leurs placards des trésors dont ils se servent très peu, voire plus du tout.
Ces ressources cachées peuvent être l'objet d'un « vide-grenier » gratuit, une sorte de troc géant où l'on retrouverait jouets, cassettes vidéo, vêtements et autres livres.
Sur une grande table de la maison, chacun pose les objets qu'il veut donner et choisit ceux qui pourraient lui être utiles. Cela peut aussi s'organiser entre cousins, amis et voisins, aussi bien dans un jardin que dans le hall de l'immeuble.
Ce sera sûrement l'occasion de trouver des richesses cachées et de découvrir que ce qu'on croit inutile peut servir à d'autres. Servez-vous, c'est gratuit !

Et aussi celle des parents !
Ce vide-grenier peut aussi bien s'organiser entre adultes, le plaisir d'échanger et de donner n'a pas d'âge...

« Vous avez reçu gratuitement, donnez gratuitement. » Mt 10,8

« Célébrer les visitations de Dieu dans notre existence, notre parcours, les passages qui nous sont donnés à vivre, savoir les reconnaître, les goûter, rendre grâces pour ce qui nous est offert, au lieu de faire le compte de ce que nous n'avons pas, est une très belle forme de gratitude. »

Simone Pacot, *Ouvrir la porte à l'Esprit*, Cerf, 2007.

Idée lecture

Colette Nys-Mazure, ***Célébration du quotidien***, Desclée de Brouwer, 2008. Dans ce livre qui se glisse dans la poche, l'auteur sait décrire merveilleusement les moments magiques qui émaillent les jours.

Le Carême, c'est quarante jours pour creuser le chemin de l'aventure intérieure. Partir au désert tout en restant là où vous êtes, ça vous tente ? Les indications du parcours se trouvent dans l'Évangile selon saint Matthieu (Mt 6,1-16). On y parle à la fois de partage, de jeûne et de prière. En famille, suivez le guide…

Je partage ?

oui, mais chut… c'est un secret !

Pendant la période du Carême, il y a, si on cherche un peu, pas mal d'occasions pour partager. À vrai dire… toute l'année aussi, non ? Ici, le partage proposé met l'accent sur l'attitude « sans tambour ni trompette » dont parle Jésus.

« Mais toi, quand tu fais l'aumône, que ta main gauche ignore ce que donne ta main droite. » Mt 6,3

PENSER AUX AUTRES

DONNER DE L'ATTENTION

Voici des expériences assez simples, mais qui peuvent, sans vous mettre en danger, s'avérer insolites et très enrichissantes.
Faire particulièrement attention aux gens anonymes croisés dans la journée.
Sourire à l'automobiliste qui vous laisse passer et le remercier d'un geste.
Engager une conversation ou un jeu dans une salle d'attente.
Regarder avec un vrai intérêt les passagers du bus…

Autres partages

Une compétence, un repas, des trajets en voiture… ou encore un don d'argent à une association d'entraide.

Le sac à temps

EN FAMILLE

1 Notez sur des petits papiers des idées d'activités diverses, de services à rendre dans le cadre de la famille ou du voisinage.

2 Placez-les dans un petit sac à accrocher dans un lieu très fréquenté de la maison. Remplir le sac ensemble fera réfléchir sur les besoins des uns et des autres.

3 À tout moment, chaque membre de la famille, les plus grands en tout cas, peut discrètement piocher une idée et la mettre en œuvre dans la journée. Donner son temps n'est pas seulement donner quelque chose que l'on possède, mais plus, se donner soi-même, sans attendre forcément de retour.

Petits morceaux de temps :

- *ranger une pièce de la maison*
- conduire un enfant en voiture au prochain jour de pluie
- faire un bouquet, un décor
- **lire une histoire à un plus petit que soi**
- *passer un peu de temps avec la voisine*
- se lever de table s'il manque quelque chose au cours du repas

Jeûner, c'est se priver. Aïe aïe aïe, on n'aime pas ça ! Alors, le jeûne devient vite un sujet grave ou au contraire une plaisanterie. Le jeûne de nourriture, tel que l'Église le propose, concerne plutôt les adultes.
Mais, en pratiquant d'autres sortes de jeûne, tous peuvent découvrir la richesse de cette expérience.

> « *La privation a un sens : se vider de soi-même, du superflu pour adhérer à l'essentiel et ne pas être prisonnier de besoins plus ou moins factices.* »
>
> **Mgr Le Gall**

Des mots « cailloux » ou des paroles « fleurs » ?

AVEC LES PETITS

Jeûner de paroles dures, c'est comme cultiver un bout de jardin :

Creuser la terre...
commencer par trouver une parole dure qu'on dit souvent.

Jeter les cailloux...
renoncer à parler ainsi à quiconque.

Semer...
choisir une façon « fleurie » d'exprimer la situation. Ce peut être simplement se taire.

Cultiver...
ne pas se décourager en cas de nouveau dérapage verbal.

Cueillir...
à tout instant, saisir l'occasion d'offrir une parole « fleur ».

Recettes de silence

Méditer

Dans le quotidien, vivre un instant de silence est presque un exploit. De plus, le silence est impossible à fabriquer. On ne peut qu'arrêter de faire du bruit. Pour essayer, on peut :

- **Éviter d'agir dans un bruit qu'on a soi-même ajouté : conduire la radio allumée, réviser ses leçons avec le MP3 sur les oreilles, prendre les repas dans un brouhaha complet...**
- **Réserver du temps totalement silencieux : on ne fait rien d'autre que de rester en silence quelques minutes chaque jour.**
- **D'autres idées p. 198.**

La chasse à l'ogre

En famille

Un jour, il y a très longtemps ou seulement quelques mois, on a ouvert sa porte à de drôles d'invités appelés « Télé », « DVD », « Internet » ou « Jeux vidéo ». S'ils savent rester à leur place, tout va bien. Dans le cas contraire, sans prévenir, ils sont venus petit à petit nous ligoter avant de nous croquer ! Ceux qui se reconnaîtraient là peuvent essayer :

Un traitement léger :

- remplacer une soirée avec « Télé » par une soirée jeux
- débrancher « Internet » un jour sur deux
- recadrer les rencontres avec « Jeux vidéo » dans l'emploi du temps

Une solution plus radicale :

- imposer à « Télé » et « DVD » de passer 40 jours à la cave
- laisser « Internet » au bureau et à l'école
- envoyer « Jeux vidéo » en voyage dans une boîte en carton

« Mais toi, quand tu pries, retire-toi au fond de ta maison, ferme la porte et prie ton Père qui est présent dans le secret. » Mt 6,6

Le coin prière

À LA MAISON

Dans la maison en dur, profitez du Carême pour (ré)aménager une place réservée avec :

- quelque chose à voir — une image, une peinture ou une photo
- quelque chose pour éclairer — une bougie ou une petite lampe
- quelque chose à lire — la Bible ou un texte choisi
- quelque chose de vivant — un bouquet de fleurs, ou quelques fruits

MÉDITER

NOTRE MAISON INTÉRIEURE

Une maison intérieure, chacun en a une bien à soi. Et elle se déplace partout où on va. On peut dire que, selon les gens, elle est plus ou moins encombrée, éclairée, habitée... Certains ne savent même pas qu'elle existe ! C'est pourtant, pour tous, la maison essentielle. Mais pour y accéder il n'y a ni truc ni astuce. Il faut peut-être simplement savoir qu'elle est là et qu'il est bon d'y aller très souvent...

Un mini-calendrier de prières

(d'après une idée de la Fondation d'Auteuil, www.fondation-auteuil.org)

AVEC LES MAINS

À partir d'un bloc de papier adhésif grand format (de type post-it), fabriquez ce mini-calendrier sur mesure.

1. Prévoyez une page par jour (45 pages) ou, en version allégée, une page par dimanche et deux par semaine (15 pages).

2. Inscrivez sur chaque feuille : la date, une citation biblique (vous pouvez la piocher dans ce livre...), une prière courte. Agrémentez d'une petite illustration faite maison ou découpée dans un journal.

3. Effeuillez le calendrier au fil des jours...

Dans le secret...

PRIÈRE

Dieu notre Père,
Quand je viens te prier,
J'entre dans ma chambre,
Je ferme la porte

Et je te parle
Dans le secret
De mon cœur,

Et toi, tu vois ce que je fais
Dans le secret
De mon cœur.

D'après Mt 6,6

Idées lecture

AVEC LES PETITS

Il existe un très grand nombre de livres de prières pour enfants à partir de 2 ou 3 ans. Le Carême est une bonne occasion de passer un peu de temps avec eux, pour les éveiller au dialogue avec Dieu...

COMPRENDRE

Dans quel livre peut-on lire cette phrase ?

« Commencer une querelle, c'est ouvrir une digue ; arrête-toi avant que la dispute ne se déchaîne. »

C'est dans le livre des Proverbes (Pr 17,14). Ce drôle de chapitre de la Bible ne contient que des petites phrases pleines de sagesse, tirées de l'expérience pratique et quotidienne. Ces conseils ont été rédigés presque mille ans avant Jésus Christ et sont, pour la plupart, très judicieux encore aujourd'hui. On peut appeler cela « la sagesse millénaire » !

DIEU DANS MA VIE

IDÉES POUR FAIRE TOMBER LA PRESSION

Il est beaucoup plus difficile de résoudre une situation délicate lorsque l'on est énervé. Il vaut mieux se calmer rapidement et éviter ainsi les mots et les gestes qui blessent : aller faire un tour en courant, taper sur un coussin, prononcer un nom de code prévu à l'avance pour ce genre de moments, respirer à fond. Mais il y a aussi des moyens plus spirituels : répéter intérieurement le nom de Jésus, regarder une croix ou une icône qui attend à une place précise de la maison, se remémorer un verset biblique choisi à cet effet, à chacun de chercher ce qui lui convient...

C'est quoi, une dispute ?

Le conflit apparaît quand deux personnes qui ne sont pas d'accord cherchent à avoir raison l'une comme l'autre. En famille, c'est inévitable et pas forcément mauvais si on arrive à le régler sans trop de dégâts.

Trouver une solution

Elle sera le plus souvent de trois ordres :

- **Un compromis** (chacun perd un peu),
- **Une conciliation** (tout le monde y gagne),
- **Une clarification de la situation** (on ne se met pas d'accord mais on l'accepte).

AVEC LES PETITS

À lire ensemble

Dominique de Saint Mars et Serge Bloch, *Lili se dispute avec son frère*, Éditions Calligram, 2004. Ce petit livre, comme tous ceux de la collection Max et Lili, traite le problème avec humour, tendresse et vérité.

Exprimer ce qui ne va pas

EN FAMILLE

1 Viser le problème et non la personne :

2 Traiter la situation avec humour, par exemple en mimant la dispute entre deux enfants à l'aide de deux poupées.

La vie familiale est sans doute à la fois le creuset de l'apprentissage du pardon, et le lieu des blessures les plus profondes. Parents et enfants, tous sont concernés et invités à s'engager sur ce chemin : la route est longue avant de savoir pardonner.

OK ! La vie chrétienne ne peut pas passer à côté du pardon, c'est certain. Mais pardonner n'est jamais simple, et les mots obligés ou même l'intention sincère peuvent rester à la surface des choses.

Quelques balises

EN FAMILLE

Apprendre à s'excuser et à reconnaître ses torts. C'est plus facile en commençant par les petites choses...

MÉDITER

Se pardonner à soi-même, car c'est un préalable pour accepter les limites et les erreurs de ses proches.

EN FAMILLE

Apprendre par l'exemple

Les parents demandent aussi pardon à leurs enfants, et désirent pardonner à leurs propres parents ou aux personnes qui leur ont fait du mal.

COMPRENDRE

Mieux comprendre la demande du Notre-Père

« Pardonne-nous nos offenses comme nous pardonnons à ceux qui nous ont offensés ! »
Cela veut dire : Apprends-nous à pardonner comme toi, tu pardonnes ! 95 % des chrétiens qui récitent le Notre-Père ont l'impression que s'ils pardonnent, Dieu va leur pardonner, alors que c'est l'inverse. Pardonne-nous afin que, nous qui sommes en train de pardonner, nous en ayons la force. L'amour de Dieu est premier. »
Jean Monbourquette, prêtre, *Comment pardonner*, Bayard Éditions, 2001.

DIEU DANS MA VIE

Recevoir

Les chrétiens croient que Dieu est comme un père qui pardonne toujours à ses enfants. Quand ils se sont séparés de lui (ce qu'on appelle le péché), ils peuvent choisir de revenir à lui en reconnaissant qu'ils se sont trompés, et en le priant de leur pardonner. Ils sont aussi invités à aller voir un prêtre. Ils reçoivent alors le sacrement du pardon.

« Supportez-vous mutuellement, et pardonnez si vous avez des reproches à vous faire. Agissez comme le Seigneur : il vous a pardonné, faites de même. » Col 3,13

pour la route :

MÉDITER

Idée lecture

Lytta Basset, ***Au-delà du pardon – Le désir de tourner la page,*** Presse de la Renaissance, 2006.
Au travers du filtre de sa propre expérience et de ses recherches de théologienne, Lytta Basset explique, dans ce livre accessible à tous, les étapes nécessaires pour vivre le pardon en profondeur.

HISTOIRE

Écouter un témoignage

Maïti Girtanner a été maltraitée pendant la Seconde Guerre mondiale. Quarante ans plus tard, son ancien bourreau vient la voir chez elle. De cette rencontre va naître le pardon.
« Cela n'est pas quelque chose qui se fait comme ça, un miracle du jour au lendemain. Il faut le désirer longuement, il faut en avoir un désir fou, un désir qui est une grâce.
C'est là un passage dans le cœur qui est très difficile. Je ne savais pas si j'y arriverais. Dans le cas où je n'y arriverais pas, je demandais à Dieu de le faire à ma place.
Mon désir était là. »
À visionner sur le site du Jour du Seigneur :
http://www.jds.tv/html/main.php, rubrique témoins, grandes figures.

DIEU DANS MA VIE

« Ceux qui pardonnent sont les guérisseurs de l'humanité.
Plutôt que de ressasser l'offense du dommage,
plutôt que de rêver de revanche ou de vengeance,
ils arrêtent le mal d'eux-mêmes...

Pardonner, c'est l'acte le plus puissant
qu'il soit donné aux hommes d'accomplir.
L'évènement qui aurait pu faire grandir la brutalité
dans le monde sert à la croissance de l'amour.

Les êtres blessés qui pardonnent
transforment leur propre blessure.
Ils guérissent là où ils ont la plaie qui défigure
l'humanité depuis ses origines : la violence.

L'homme qui pardonne ressemble à Jésus.
L'homme qui pardonne rend Dieu présent. »

Gérard Bessière, prêtre.

Histoire

« Alors qu'il était en route avec ses disciples, Jésus entra dans un village. Une femme appelée Marthe le reçut dans sa maison. Elle avait une sœur nommée Marie qui, se tenant assise aux pieds du Seigneur, écoutait sa parole. Marthe était accaparée par les multiples occupations du service. Elle intervint et dit :
– Seigneur, cela ne te fait rien ? Ma sœur me laisse seule à faire le service. Dis-lui donc de m'aider.
Le Seigneur lui répondit :
– Marthe, Marthe, tu t'inquiètes et tu t'agites pour bien des choses. Une seule est nécessaire. Marie a choisi la meilleure part : elle ne lui sera pas enlevée. »
Luc 10,38-42

Idée lecture

Pour aller plus loin dans cette rencontre avec Marthe et Marie, on peut lire ***Les évangiles des parents***, écrit par Olivier Le Gendre, aux Éditions Anne Sigier, 2004. Ce livre fait le pari que le Christ a quelque chose de très précis à dire aux parents, qu'il les accompagne dans leur quotidien à une profondeur surprenante.

Méditer

Chaque personne a un côté Marthe et un côté Marie. Les deux sont nécessaires, mais ce texte indique qu'il est bon de vivre chaque chose à son heure : il y a un temps pour écouter la Parole de Dieu, l'intérioriser, et un autre pour s'appliquer à servir sans ressentiment.

CÔTÉ MARTHE, CÔTÉ MARIE

AVEC LES MAINS

matériel :

- modèle de silhouettes et prière à copier
- 1 grosse boîte d'allumettes vide
- 1 bande de papier de 7,5 x 19 cm
- 1 bande de papier de 5 x 12,5 cm
- feutres, ciseaux, colle

À l'image de notre maison intérieure, cette maquette de la maison de Marthe et Marie s'ouvrira d'un côté ou de l'autre, et la prière proposée aidera peut-être chacun à trouver le bon équilibre.

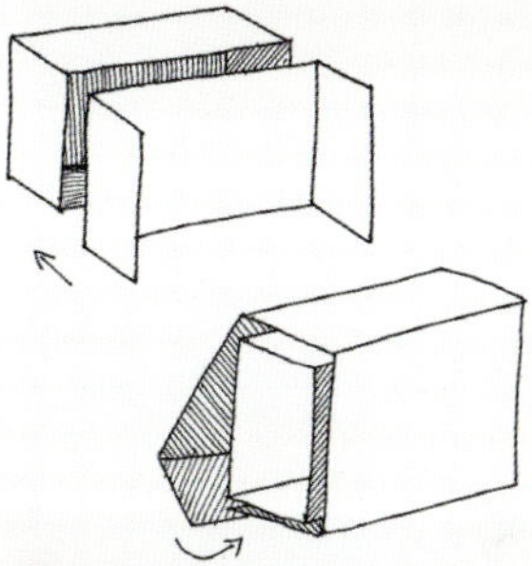

1 Placez les 2 bandes de papier autour et à l'intérieur de la boîte et marquez les plis.

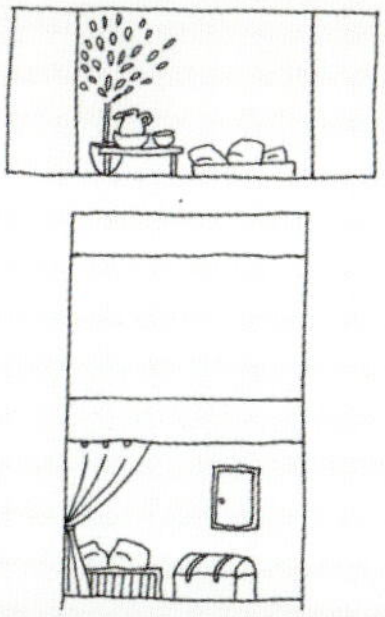

2 Dessinez sur ces bandes le décor de la maison : banc, fenêtre, coffre, vaisselle... Puis collez-les sur la boîte.

3 Recopiez les personnages sur un papier blanc, coloriez-les et découpez-les.

Texte de la prière

**Jésus,
quelle est donc la meilleure part ?
Celle où je peux le mieux aimer ?
Tout au long de la journée,
aide-moi à choisir à chaque instant la meilleure façon d'aimer,
et de t'accueillir dans ma maison.**

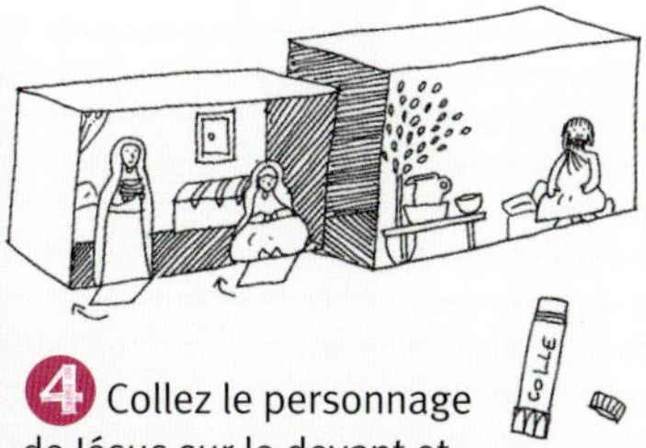

4 Collez le personnage de Jésus sur le devant et ceux de Marie et de Marthe à l'intérieur de la boîte, l'une à droite et l'autre à gauche.

5 Recopiez la prière au dos.

Et pour s'exercer à rendre service sans soucis ni agitation, rendez-vous page suivante...

Apprendre à rendre service, voilà quelque chose d'incontournable, aussi bien dans la vie de famille que dans la vie de chrétien. Mais ce qui paraît vertueux peut cacher des comportements bien ambivalents. Cela vaut le coup de se poser quelques questions :

Être au service, oui, mais de quoi ?

Est-ce juste pour faire plaisir ou plutôt par plaisir d'être juste ?

Est-ce demandé, réclamé, exigé ?

De quelle façon le service est-il rendu ?
Avec désintéressement, en s'en débarrassant,
ou en l'échangeant contre un quelconque avantage ?

Il est bon de réfléchir au sens profond du service.
Alors la vigilance est de rigueur, et l'imagination aussi.

EN FAMILLE

Le tableau des services

Inventez un tableau sur mesure récapitulant les services quotidiens qui font tourner la maison : mettre le couvert, étendre le linge, aller chercher le pain, faire un tour avec le chien, sortir la poubelle, etc. Créativité et sens de l'humour sont permis, bien sûr. Complétez-le ensemble et faites le point de temps en temps, pour voir s'il est respecté, et appliquez au besoin quelques changements.

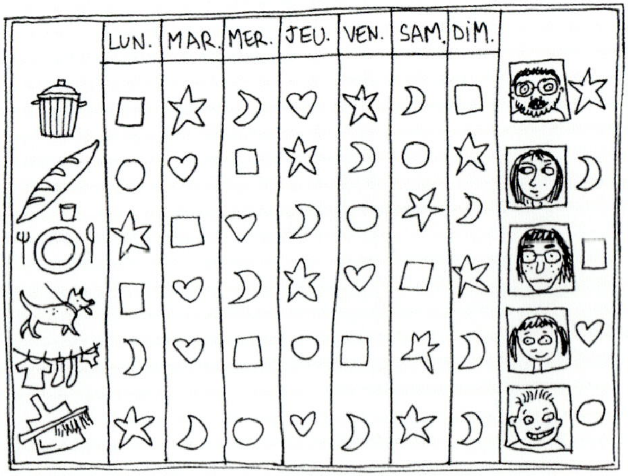

AVEC LES PETITS

« Quiconque parmi vous veut être le premier doit être le serviteur de tous. » Mc 10,44

LA VAISSELLE, UNE CORVÉE ?

Panne inattendue du lave-vaisselle ou maison de vacances sur mode camping, ce serait dommage de rater l'occasion de faire la vaisselle en famille. Tout le monde, même les plus petits, rassemblé dans la cuisine pour accomplir au mieux son rôle : plongeur, essuyeur, rangeur... Ce qui peut être une corvée lorsqu'on le fait tout seul devient alors un moment délicieux où se vivent l'échange, l'humour et le plaisir de la tâche accomplie.

PENSER AUX AUTRES

Petites phrases pour agir

« Un service auquel on répugne n'est plus un service. »

Euripide

« Ce que vous avez fait à l'un de ces plus petits de mes frères, c'est à moi que vous l'avez fait. »

Jésus Christ

« Je dormais et je rêvais que la vie n'était que joie. Je m'éveillai et je vis que la vie n'était que service. Je servis et je compris que le service est joie. »

Rabindranath Tagore

Entre le Dimanche des Rameaux et celui de Pâques, les chrétiens vivent une semaine très intense. Ils commémorent les derniers jours du Christ : le repas de la Cène, sa Passion, sa mort et sa Résurrection.

AVEC LES MAINS

Maquette de la SEMAINE SAINTE

matériel :

- les modèles agrandis à 200 %
- 1 boîte d'allumettes vide
- carton épais
- carton fin blanc
- 1 petite pierre ronde
- 1 lumignon en verre
- crayons, feutres, peinture, cutter, ciseaux, colle

Pour rappeler à la maison les étapes de ce chemin vers la plus grande fête de l'année, on peut confectionner cette maquette au fur et à mesure de la Semaine sainte.

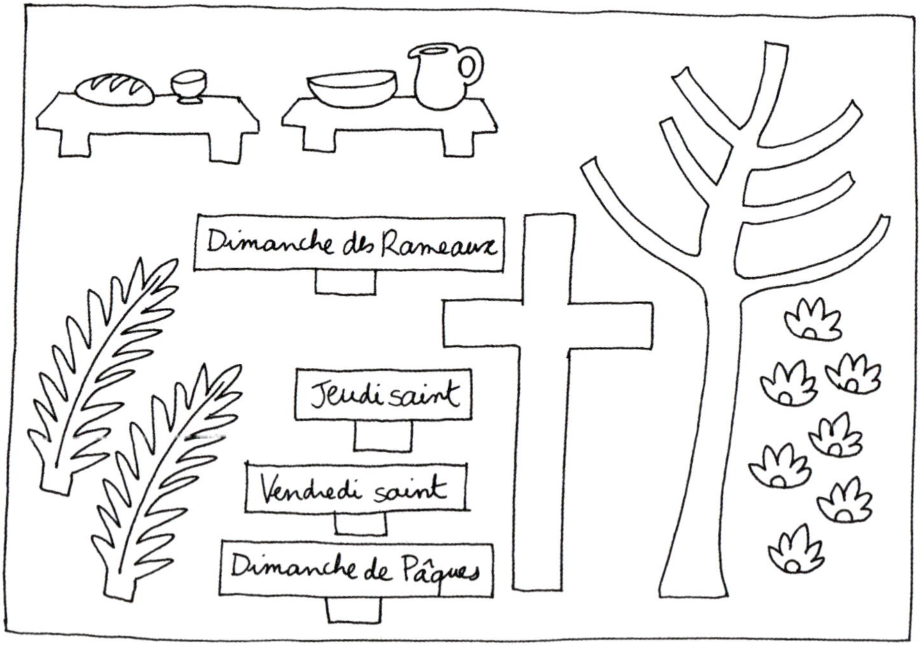

1 Découpez deux rectangles de carton épais (9 x 38 cm et 9 x 12 cm). Collez-les sur les deux parties de la boîte d'allumettes.

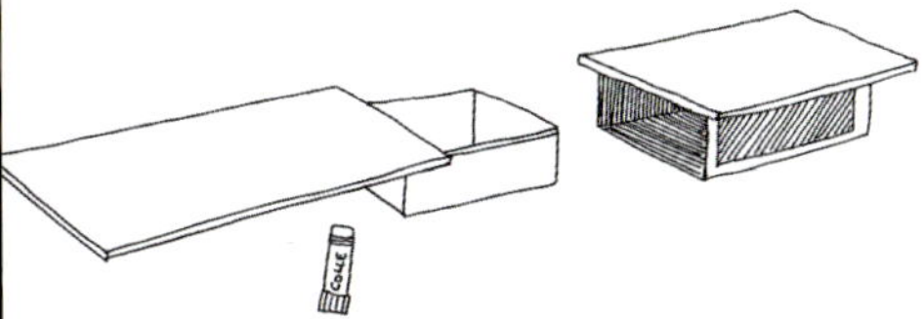

2 Dessinez les éléments du décor sur du carton à l'aide des modèles. Reportez la croix et le tronc d'arbre sur le carton épais, tous les autres éléments sur le carton fin.

3 Découpez les éléments, puis peignez-les sur les deux faces.

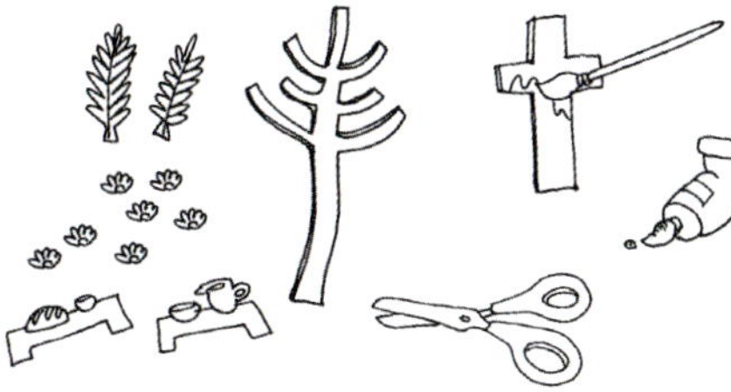

4 Collez les fleurs sur l'arbre.

5 Incisez dans la planchette en carton de petites fentes dans lesquelles les éléments viendront se glisser.

- Dimanche des Rameaux : les palmes
- Jeudi saint : les récipients d'eau, la table avec le pain et le vin
- Vendredi saint : la croix et la pierre qui ferme le tombeau
- Dimanche de Pâques : l'arbre fleuri

Le jour de Pâques, déposez la pierre, ouvrez le « tombeau » et placez-y un lumignon.

Cette maquette est un support animé pour raconter Pâques aux plus petits. Elle peut aussi servir de coin prière pour toute la famille.

Le soir de la Cène, Jésus partage le pain avec ses disciples. Peu avant, il a annoncé qu'il était lui-même le Pain de Vie. Que veut-il dire par là ? Que se passe-t-il ce premier Jeudi saint, et aussi aujourd'hui, à chaque fois que Jésus se donne aux hommes ? Peut-être faudrait-il avant tout comprendre ce qu'est le pain ?

Le pain, tout un symbole

COMPRENDRE

Fabriqué à partir de grains moulus, le pain a toujours été la nourriture essentielle des hommes et donc en même temps un symbole très fort de vie. On retrouve dans sa fabrication les quatre éléments :

La terre dont est issu le grain
L'eau nécessaire à la pâte
L'air qui se dégage sous l'action du levain
Le feu qui permet la cuisson.

Dans la Bible, ce symbole est très présent. Et Jésus parlera beaucoup de grain et de pain, avant de se nommer lui-même Pain de Vie. D'ailleurs, Jésus est né à Bethléem, qui veut dire « maison du pain ».

PRIÈRE

Donne-nous aujourd'hui notre pain de ce jour

« Je suis le pain vivant, qui est descendu du ciel : si quelqu'un mange de ce pain, il vivra éternellement. » Jn 6,51

« Donne-nous le pain de ce jour », ce n'est pas le pain pour demain, c'est vivre le présent ! Si nous savons y être attentif, nous recevons chaque jour ce qui nous est indispensable pour vivre. Il y a dans chacune de nos journées de bonnes choses, symbolisées par le pain, qui nous arrivent comme un don : un sourire d'enfant, un coucher de soleil flamboyant, une œuvre d'art qui nous émeut, le partage cœur à cœur avec un membre de notre famille, avec un ami ou avec un passant, etc.
En disant "Donne-nous" on sait déjà que Dieu nous donne ce pain sans discontinuer, même dans les plus grandes épreuves. Mais, en le lui demandant, on reconnaît ce don, et on en prend conscience.
Juliette, témoignage trouvé sur la Toile.

Pain De Pâques

RECETTE

Ce pain est celui que cuisinent les chrétiens coptes d'Égypte au moment des fêtes de Pâques.

Ingrédiens

- 300 g de farine
- 1 sachet de levure de boulanger
- 175 ml d'eau tiède
- 1 cuillerée à café de sel
- 2 cuillerées à soupe d'huile d'olive
- 5 clous de girofle

1. Mélangez les ingrédients et pétrissez la pâte.
2. Étalez la pâte au rouleau et dessinez la croix avec une cuillère à soupe.

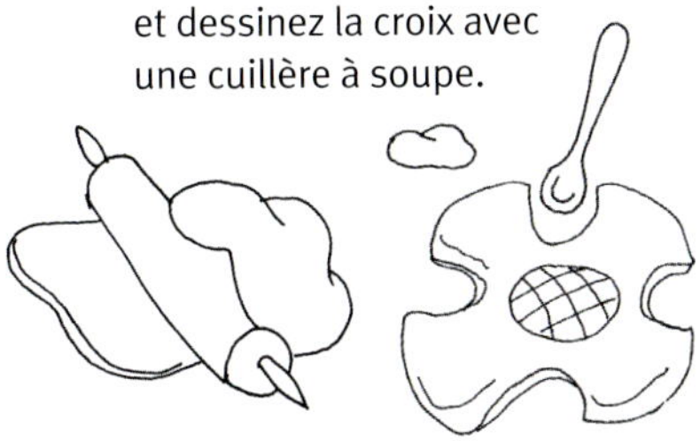

3. Placez 5 clous de girofle au centre, pour symboliser les 5 plaies du Christ.

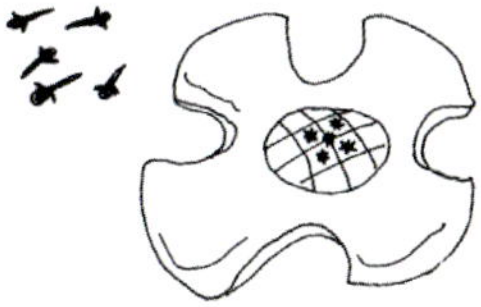

4. Faites cuire 30 min au four chaud (220 °C).

Des histoires qui se mangent comme du bon pain

MÉDITER

Ouvrez la Bible et relisez les récits où il est question de grain et de pain :
L'histoire de Joseph, Genèse 47
Moïse, la sortie d'Égypte et la traversée du désert, Exode 12 à 16
L'histoire de Ruth, livre de Ruth
Élie et la veuve de Sarepta, 1er livre des Rois, 17
Jésus qui multiplie les pains, Marc 6
La femme qui fait son pain, Luc 13
La parabole du semeur, Matthieu 13.

Pour raconter encore mieux, rendez-vous p.150.

Du grain à moudre

EN FAMILLE

Profitez des vacances pour visiter un moulin. Certains sont transformés en musées, d'autres sont encore bien vivants. Ce sera peut-être l'occasion de moudre du grain, faire du pain, rapporter à la maison différentes sortes de farine...

Le Vendredi saint, dans tous les pays, des chrétiens se rassemblent pour prier le chemin de croix. Dans les églises, ils s'arrêtent devant chaque « station », se souviennent de la Passion de Jésus et prient ensemble. C'est important de s'arrêter pour méditer ce mystère. Car on touche ici au cœur de la foi chrétienne : celui qui veut sauver sa vie la perd, celui qui la donne la trouve, ou bien, dit autrement, seul ce qui meurt ressuscite.

Un jour particulier à la maison

MÉDITER

En famille aussi, on peut prendre un peu de temps pour marquer ce jour d'une couleur toute spéciale...
Devant le mystère du mal et de la souffrance, que dire ? L'homme cherche des explications, puis finalement il reste sans voix. Jésus lui-même s'est tu. On peut donc choisir de méditer en silence ou de soutenir cette prière par différents moyens.

La Parole de l'Évangile

Lire un verset pour chacune des quatorze stations du chemin de croix. Ces stations symbolisent les évènements de la Passion du Christ.

Les images

- Recréer ces stations à partir d'œuvres d'art, choisies dans des revues ou en faisant une recherche Internet. Il en est proposé sur le site du diocèse de Rouen : http://catholique-rouen.cef.fr/index.php rubrique dimanche et fêtes, Vendredi saint.
- Pour les plus petits, sélectionner des illustrations qui leur parlent, par exemple celles du livre de Juliette Levivier, *Le chemin de croix*, Edifa Mame, 2006.

La musique

Elle permet de toucher sans un mot au plus profond du cœur. Choisir un extrait ou écouter en entier :

- *Les sept paroles du Christ en croix*, de Heinrich Schütz.
- *Passione*, chanté par A Filetta, Sony BMG Music.
- *La Passion selon saint Jean* de Jean-Sébastien Bach.

Il y a également ce jour-là beaucoup de concerts de musique sacrée donnés dans les églises, ainsi qu'à la radio.

JÉSUS TOMBE UNE DEUXIÈME FOIS

PRIÈRE

« Le calvaire est loin. L'épuisement du Christ grandit.
Notre existence terrestre est courte et longue à la fois.
Les chutes émaillent nos vies. Les épreuves tombent dru.
Il est déjà tombé deux fois. Il nous relèvera mille et une fois.

Prions pour ne jamais dire à son conjoint ou à son môme :
“Tu ne changeras jamais.”
On peut tuer ainsi l'être aimé.
Pense toujours qu'après la chute on peut toujours se relever.
Et puis regarde-toi. Si t'es clair avec toi, tu sais bien qu'il est facile d'enfoncer l'autre qui tombe, alors que tu retombes toi-même souvent dans les mêmes ornières.
Si tu te trouves toujours de bonnes excuses pour te pardonner, essaie de les trouver pour les autres.
Tu bâtiras alors un paradis autour de toi.
Les êtres de lumière dont nous manquons tragiquement, ce sont d'abord des êtres de miséricorde. »

Guy Gilbert
« Chemin de croix », extrait de *Dealer d'amour*, Livre de Poche, 1999.

Un autre livre avec des mots qui bougent : Guy Gilbert, *Chemin de croix*, Éditions des Béatitudes, 1998.

« Lorsqu'on fut arrivé au lieu dit le Calvaire, on mit Jésus en croix […]. Il disait : “Père, pardonne-leur : ils ne savent pas ce qu'ils font.” » Lc 23,33-34

Pour les plus Grands

Le film ***La Passion du Christ***, de Mel Gibson, propose un récit aux images très réalistes et parfois violentes des douze dernières heures de la vie du Christ.
Un film qui en a scandalisé certains et qui en a bouleversé d'autres.

La Résurrection de Jésus, c'est l'évènement le plus extraordinaire de l'humanité. Pour tous les hommes qui croient que c'est vrai, la fête de Pâques est la plus grande des fêtes. La lumière domine partout, elle a vaincu la mort. Christ est la Lumière du monde.

« L'ange du Seigneur descendit du ciel, vint rouler la pierre et s'assit dessus. Il avait l'aspect de l'éclair et son vêtement était blanc comme la neige. » Mt 28,2-3

La veillée pascale

Dieu dans ma vie

Le soir de Pâques, un grand feu est allumé devant les églises. Ce feu est le signe de la force de la résurrection qui anéantit les ténèbres de la mort. Le cierge pascal, symbole du Christ ressuscité, brûle de ce feu ; chacun reçoit sa lumière en allumant un cierge. Cette lumière qui vient d'ailleurs est donnée au chrétien pour qu'il la reflète chaque jour de sa vie. C'est elle qui transforme toutes les situations qu'il va vivre. C'est elle qui vient éclairer l'intérieur de sa maison et le monde entier.

Endimanchés

En famille

Le jour de Pâques, porter un vêtement blanc a un sens particulier. C'est un vêtement de lumière comme la robe de baptême ou l'aube (du latin *alba*, « blanc ») portée à l'église. Il identifie le chrétien au Christ ressuscité. Sans forcément être blanc de la tête aux pieds, le chrétien peut porter ce signe sur lui ce jour de fête. Au matin, au moment de s'habiller, il l'enfilera en pensant au sens symbolique qu'il revêt. La maison prend aussi des airs de fête si on l'habille de blanc et de lumière ce jour-là.

Comprendre

Les symboles

Pour en savoir plus sur les symboles liés à la fête de Pâques, rendez-vous sur le site « Le jour du Seigneur », sur http://www.jds.tv, mots clés : Pâques, couleur blanche, aube et bougies. Pour les pressés, on y trouve de petites vidéos d'une minute, très bien faites, mais aussi des documentaires plus longs.

« TU ES MON RAYON DE SOLEIL ! »

PENSER AUX AUTRES

matériel :

- 1 pot en verre
- 1bougie chauffe-plat
- 1 feuille de papier calque
- colle à papier
- 1 pinceau

Ces jours de fête sont l'occasion de repas en famille ou entre amis. Peut-être y a-t-il dans le quartier une personne qui aimerait partager la lumière de Pâques ? Alors, en plus des chocolats, on peut apporter ce photophore spécial.

1. Découpez un morceau de papier calque qui entourera le pot.

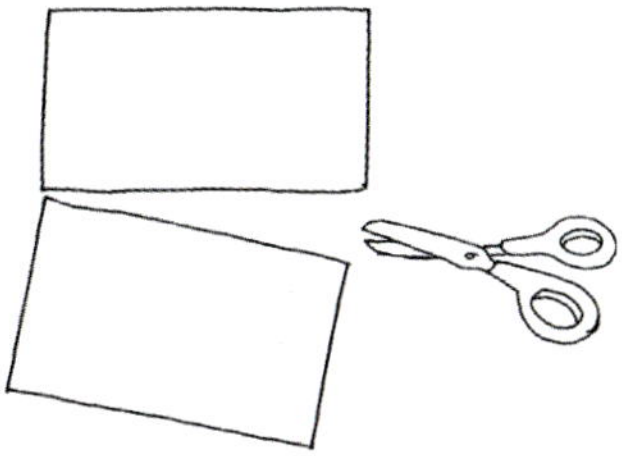

2. Dessinez le motif de Pâques que vous souhaitez reproduire sur le papier.

3. Décalquez le motif sur le papier calque en le « gravant » : appuyez légèrement avec le manche du pinceau.

4. Formez un cylindre avec le papier calque, collez.

5. Passez le cylindre autour du pot, glissez la bougie.

Réveillez-vous !

EN PLEIN AIR

À cette période de l'année, le soleil se lève en France vers 6 h 30 (ou 7 h 30 après le passage à l'heure d'été). Le matin de Pâques, c'est bien le jour où bouleverser ses habitudes. Prêts pour un moment de pure beauté ? Mettez votre réveil aux aurores et allez vous poster bien à l'est, quelques minutes avant l'apparition du soleil.

Toute l'année, chaque matin, les moines, et tous ceux qui prient en même temps qu'eux, chantent le Christ, « soleil levant qui vient nous visiter » (D'après Lc 1,78).

Les compagnons

Après la mort de Jésus, deux disciples prennent la route vers le village d'Emmaüs.
Là, ils vont faire la rencontre de Jésus ressuscité.
Raconter ce récit, c'est inviter chacun à emprunter, par étapes, ce même chemin.
Les plus petits pourront s'approprier les personnages et les manipuler à loisir.

Matériel :

- le texte de l'Évangile selon Luc 24,13-35
- des personnages type Playmobil. Au besoin, les revêtir d'une tunique de papier
- du papier de couleur
- ciseaux, feutres, ruban adhésif

MONTAGE DU DÉCOR

AVEC LES MAINS

1 Découpez un grand chemin dans une feuille de couleur.

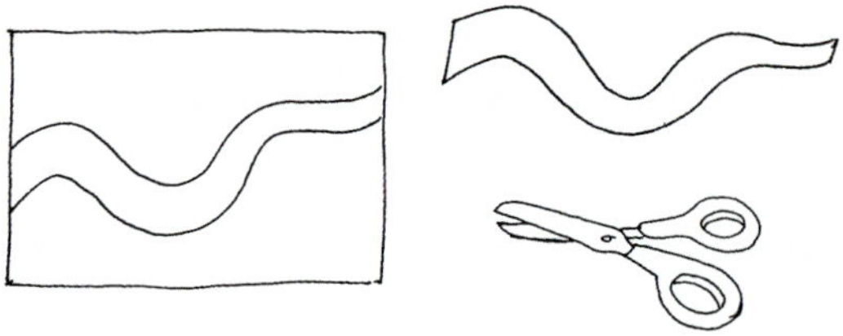

2 Fabriquez les deux maisons en découpant dans du papier le gabarit ci-joint.

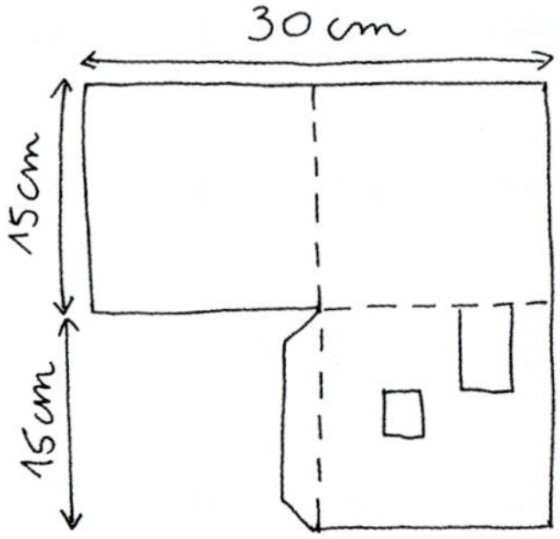

3 Évidez portes et fenêtres.

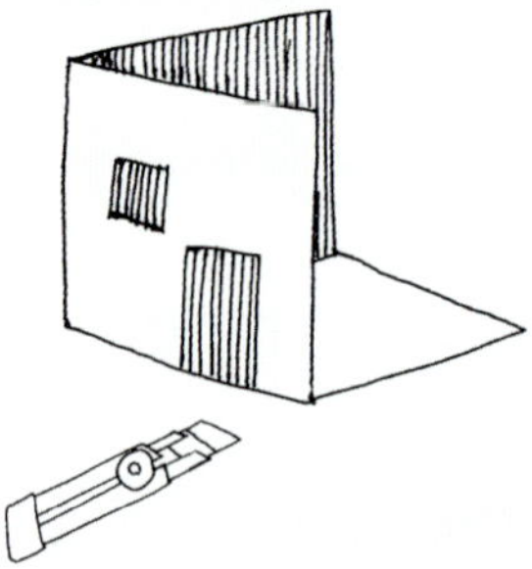

d'Emmaüs

Mise en scène

AVEC LES PETITS

Lisez le texte à l'avance afin de bien mémoriser les détails. On peut préparer une lecture à plusieurs voix : un narrateur, Jésus, les deux disciples et le groupe de Jérusalem.
Laissez les plus jeunes déplacer les personnages au fur et à mesure du récit. Au moment où le récit se déroule à l'intérieur, faites entrer les personnages par la porte, puis faites pivoter la maison vers les spectateurs.

4 Inscrivez « Jérusalem » et « Emmaüs » à l'intérieur et à l'extérieur.

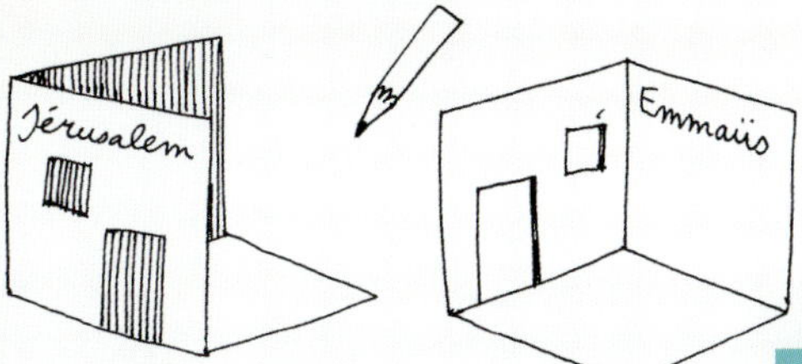

ASTUCE

Les textes de l'Évangile sont consultables sur le site :
http://services.liturgiecatholique.fr/bible/

5 Installez quelques cailloux et plantes vertes sur la route et du mobilier dans les maisons.

DIEU DANS MA VIE

L'aviez-vous remarqué ?

Le déroulement de l'eucharistie ressemble de très près aux quatre étapes de ce récit. Comme ces hommes de Palestine, les chrétiens sont invités à :

- aller à la rencontre du Christ
- accueillir sa Parole
- communier
- repartir vivre dans le monde

6 Placez tous les personnages côté Jérusalem. L'histoire peut commencer…

Derrière les rubans et les voluptueuses odeurs de chocolat se cachent en réalité des symboles religieux très anciens. Voici quelques recettes gourmandes pour inviter ces animaux à votre table et découvrir avec les enfants le sens symbolique de chacune de ces petites bêtes…

Le symbole de l'agneau

C'est un animal petit, humble et doux, que l'on sacrifie. Il en est beaucoup question dans la Bible. Le Christ a été appelé Agneau de Dieu (Jn 1,29). Déjà, plusieurs siècles avant sa venue, le prophète Isaïe parlait de lui comme d'un agneau (Is 53,7). Après sa résurrection, il devient l'Agneau victorieux (Ap 21). Le chrétien est invité à ressembler à un agneau : la discrétion et le silence qui le caractérisent apportent un « plus » à la vie. Par exemple, quand des divisions s'estompent dans une famille ou un quartier, c'est souvent grâce à la présence de personnes douces comme des agneaux.

PETITS SABLÉS DU BERGER

RECETTE

1. Dans un grand saladier, versez le mélange de farine et de levure. Creusez un puits.
2. Dans le puits, mettez le beurre coupé en morceaux, le sucre et le sel. Mélangez du bout des doigts.
3. Ajoutez l'œuf, puis mélangez pour obtenir une boule. Prélevez 1/4 de la pâte et incorporez le cacao.
4. Couvrez les deux préparations et laissez une heure au frigo.
5. Une heure plus tard, étalez les deux pâtes avec un rouleau à pâtisserie.
6. Avec un demi-bouchon en plastique, découpez dans la pâte blanche le corps des moutons, et dans la pâte brune les pattes et la tête.
7. Assemblez les petits moutons sur une plaque et faites dorer au four (180 °C) 10 min environ.

INGRÉDIENTS

- 100 g de beurre mou
- 100 g de sucre roux
- 1 œuf
- 200 g de farine
- 1 pincée de levure chimique
- 1 pincée de sel
- 1 cuillerée à soupe de cacao

Le symbole du lapin

Le lapin n'est pas un symbole particulièrement chrétien. Depuis fort longtemps, il est signe de fécondité et d'abondance. Sans doute parce qu'il a de nombreux petits dans la même portée. Ces grandes oreilles symbolisent sa capacité à écouter. C'est lui qui, dans certaines traditions, dépose les œufs dans les jardins le matin de Pâques...

Le symbole du poisson

Vivant au fond de la mer, le poisson est en lien direct avec la mort comme dans l'histoire de Jonas. Le dessin du poisson était, chez les premiers chrétiens, un code secret pour se reconnaître. En effet, poisson se dit IXTUS en grec, les premières lettres des mots *Ièsus Xristos Théou Uios Sôtèr*. Traduction : « Jésus Christ, Fils de Dieu, Sauveur ». Le poisson désigne donc Jésus Christ et, par extension, le chrétien.

Le (gâteau-)lapin à la carotte

RECETTE

INGRÉDIENTS

Pour le gâteau

- 2 tasses 1/2 de sucre
- 4 œufs
- 2 tasses 1/2 d'huile de tournesol
- 4 tasses de farine
- 1 cuillerée à café de levure chimique
- 1 tasse de poudre de noisette
- 1 cuillerée à soupe de cannelle et 1 de muscade
- 3 tasses de carottes râpées
- 1 tasse de raisins secs

Pour le glaçage

- 150 g de beurre fondu
- 3 tasses de sucre glace
- 6 petits-suisses
- le jus d'1 citron et son zeste

Pour le décor

- bonbons ou chocolat fondu

1. Préchauffez le four à 180 °C.
2. Mélangez tous les ingrédients dans l'ordre de la liste.
3. Versez la pâte dans deux moules et laissez cuire 40 minutes.

4. Préparez le glaçage en mélangeant tous les ingrédients.

5. Démoulez les gâteaux lorsqu'ils ont refroidi.
6. Coupez un des gâteaux pour faire les oreilles et le corps.

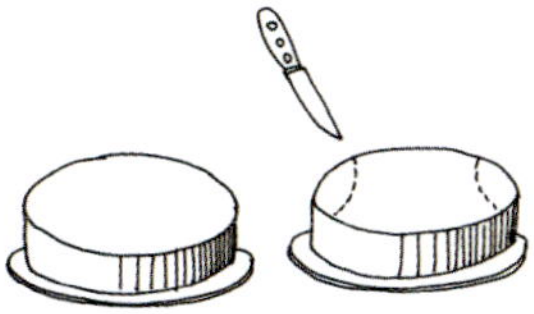

7. Nappez le gâteau avec le glaçage et dessinez le visage du lapin avec les bonbons ou le chocolat, selon les goûts !

Le symbole de l'œuf

La poule et ses poussins sont symboles de protection et de fécondité. Mais c'est surtout l'œuf qui représente la vie et la renaissance. Ce symbole universel est présent dans de très nombreuses civilisations depuis la nuit des temps.

Côté livres

On ne se lasse pas de raconter des histoires d'œuf et de poule. Elles sont d'ailleurs très présentes dans la littérature jeunesse, ce qui prouve l'importance de ce symbole dans notre imaginaire. Un classique parmi d'autres : *L'œuf de Rostudel,* d'Armelle Boy, Bayard Éditions, 2001.

L'oeuf en quelques clics

Une recherche sur Internet ne remplacera jamais la réalité. Cependant, un petit voyage virtuel permet d'aller voir ce qui se cache dans l'œuf.
Ces recherches sont à faire sous l'œil avisé d'un adulte ! En cours de route, on découvrira peut-être :

- une éclosion en direct (chercher avec les mots clés « vidéo, éclosion »). En se mettant en mode grand écran, c'est beaucoup mieux !
- la transformation de l'œuf en poussin (rechercher des images avec les mots clés « œuf, poussin ») ;
- et des activités pédagogiques très nombreuses...

Incontournables œufs décorés

AVEC LES MAINS

Voici quelques indications pour une production maison.

1 Travaillez avec des œufs durs, évidés ou en polystyrène.

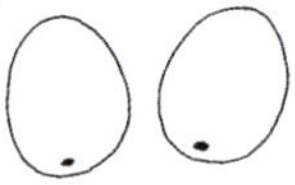

2 Pour ne pas vous mettre de la peinture plein les doigts, plantez l'œuf sur une baguette en bois.

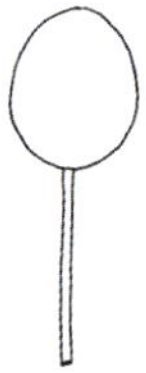

3 Peignez les œufs à la gouache ou à la peinture acrylique.

4 Dessinez les décors au feutre.

5 Vernissez et offrez-les !

EN FAMILLE

LA CHASSE AUX ŒUFS

Le matin de Pâques, c'est une tradition d'aller ramasser les œufs dans le jardin ou dans l'appartement. Pour renouveler ce moment familial, les plus grands peuvent organiser un jeu de piste pour les plus jeunes. Il faudra pour cela :

1 Confectionner un trésor

Par exemple, glisser des œufs en sucre dans des cornets en papier, disposer des sacs d'œufs en chocolat dans un grand panier...

2 Rédiger les messages

Choisir du vocabulaire en rapport avec Pâques.
Glisser les messages dans des ballons de baudruche en forme d'œufs géants, ou dans de vrais œufs évidés.
Pour les plus petits qui ne savent pas lire, préparer des photos avec les lieux où se rendre. Les découper comme un puzzle.

3 Faire passer des épreuves

Mettre l'accent sur le sens de Pâques, qui est le passage de la mort à la vie : casser quelque chose pour découvrir une chose nouvelle, perdre pour trouver, passer du noir à la lumière...

4 Choisir l'itinéraire

Dans le jardin de mamie ou dans un lieu qui change chaque année.

BON PLAN

Pour vous aider à concocter la plus extraordinaire des chasses aux œufs de Pâques, le Net est à nouveau une mine d'informations :
http://organiser-anniversaire.fr
(rubrique : Pâques).
Bonne chasse !

« Les fleurs paraissent sur la terre,
Le temps de chanter est arrivé,
Et la voix de la tourterelle
Se fait entendre dans nos campagnes. »
Cantique des Cantiques 2,12

Le printemps

Une graine
Noire, dure, sèche…
Un peu d'eau,
De chaleur et de lumière,
La voilà qui s'ouvre !

Une branche
Morte, raide, triste…
Un peu de pluie et de soleil,
La voilà toute fleurie !

L'arrivée du printemps rend irrésistible l'observation de la nature. On est émerveillé devant la force de ce qui pousse, la magnificence des couleurs, l'infinie variété des formes... Quelques expériences à vivre seul ou ensemble viendront densifier ces instants.

Un simple moment de contemplation

Sortez papier, couleurs et pinceaux, et peignez une branche, une fleur. Vous pouvez même offrir votre œuvre à quelqu'un.

Marchez dans un parc, un jardin, un bois. Et prenez du temps pour regarder juste une pousse, un bourgeon, un bouton...

Des fleurs chez nous

À LA MAISON

Ne pas perdre une occasion de placer un bouquet dans la maison... même avec une seule fleur !

Une pomme, creusée en son centre, sert de vase à une fleur et à une herbe recourbée.

Les fleurs accompagnent les hommes tout au long de la vie, de la naissance à la mort. Parfois, elles parlent à leur place : elles savent accueillir, dire merci et je t'aime, pleurer et s'excuser. Elles sont importantes dans toutes les cultures.

PRIÈRE

Composer un bouquet peut être aussi pour l'être humain une façon de prier. Les moines de l'abbaye de Tamié, en France, ont développé cet art, ce qu'on peut découvrir sur leur site http://www.abbaye-tamie.com, rubrique « l'art floral en liturgie ».

LE BÉBÉ ARBRE

Si, au cours d'une promenade, vous trouvez un gland ou un marron germé, vous pouvez le ramasser et planter ce mini-arbre dans votre jardin ou dans un pot de terre. C'est vrai, il vous faudra attendre un peu avant de pouvoir grimper dans ses branches…

Le Christ a souvent raconté des paraboles proches de la nature pour aider ceux qui l'écoutaient à le comprendre. Il compare ainsi le Royaume de Dieu à la vie d'une graine. Mourir pour vivre est au cœur de la foi chrétienne. Mais c'est là un mystère assez compliqué à comprendre. Commençons peut-être par regarder pousser des graines...

JE CROIS, TU CROIS, IL CROÎT...

MÉDITER

La croissance d'une plante peut être comparée à celle de l'homme, avec ses étapes, ses morts et ses naissances successives...
Observer ce qui se passe dans la nature permet d'approcher le mystère de la transformation de chaque membre d'une famille, chez qui on trouve aussi semences et croissance, force et fragilité, beauté et variété infinie, temps nécessaire et saisons.

« Amen, amen, je vous le dis, si le grain de blé tombé en terre ne meurt pas, il reste seul. Mais s'il meurt, il donne beaucoup de fruits. » Jn 12,24

PLAT DE LENTILLES GERMÉES

RECETTE

Faire germer des graines et les manger, c'est bon pour la santé. Parce qu'au moment où elle germe, la graine concentre beaucoup d'énergie. Elle devient donc pour l'homme une nourriture riche.
Ingrédients : des lentilles vertes bio, du coton, de l'eau et un peu de patience.

Quelles graines peut-on faire germer ?

Les céréales : blé, maïs, avoine, orge, riz...
Les légumes : lentilles, pois chiches, petits pois, haricots rouges...
Les oléagineux : sésame, tournesol...

1 **D'abord, le trempage : laissez les lentilles pendant 12 h dans trois fois leur volume d'eau.**

2 **Puis la germination : posez les petites graines à plat sur du coton. Humidifiez-les matin et soir pendant deux à trois jours.**

3 **Et enfin la dégustation : en salade, bien assaisonnées, ou encore sautées à la poêle avec du cumin, des carottes et des oignons. Mmmh !**

Petit grain deviendra grand

AVEC LES PETITS

Pour ne rien manquer de la germination, de la levée et de la croissance d'une graine de haricot, plantez-la dans un pot en verre, le long de la paroi. En quelques jours, vous assisterez au secret de la naissance d'une nouvelle plante.

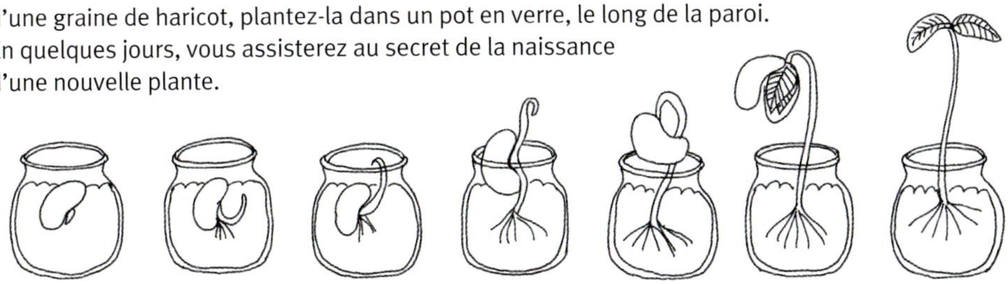

Le mime de la graine

AVEC LES PETITS

Partez en position recroquevillée, les yeux fermés, et mimez ensemble l'histoire que voilà.

1 Je suis une graine enfouie dans la terre. C'est la fin de l'hiver. Il fait encore froid et tout est immobile.

2 Le printemps arrive, je sens le sol qui se réchauffe autour de moi. Je vais commencer à germer. Très, très lentement, je sors une main qui va plonger vers la terre. Et mon bras devient racine.

3 Mon autre main sort aussi. Tout doucement, elle traverse la terre au-dessus d'elle pour atteindre la lumière. Je rencontre des pierres, des obstacles, mais je les contourne et continue de monter, doucement.

4 Quand ma main sort de la terre, je sens la lumière et la chaleur qui m'entourent. Je continue à monter, toujours plus haut, et mes bras forment de nouvelles branches. Je suis devenue un arbre.

DEVINETTE : si « Évangile » signifie « bonne nouvelle », et si le chrétien vit selon l'Évangile, peut-il être une personne triste ?

Fondamentalement, non, car ce ne serait vraiment pas logique. Devant tant de mystère et de grandeur, on reste parfois grave et impressionné. Mais attention, gens sérieux, de ne pas oublier que, souvent, semer un peu d'humour apporte aussi la vraie joie.

COMPRENDRE

DÉFINITION

Humour : forme d'esprit qui souligne avec drôlerie et détachement les aspects plaisants, absurdes ou insolites de la réalité.

« ...tout ce qui se produit dans le monde arrive en son temps : il y a un temps pour pleurer et un temps pour rire : un temps pour gémir, et un temps pour danser »

Ec 3,1,4

Jésus était-il drôle ?

Quelle drôle de question ! C'est vrai, on ne voit jamais Jésus rire dans les récits de l'Évangile. Mais, avec un peu d'attention, on remarque que certaines histoires ne manquent pas de piquant, et que, face à ses détracteurs qui cherchent toujours à le coincer, Jésus s'en sort avec beaucoup de finesse. Pour voir par soi-même, on relira ce qui se passe quand :

- un aveugle guide un autre aveugle, **Matthieu 15,14** ;
- un chameau doit passer dans le trou d'une aiguille, **Matthieu 19,24** ;
- on se retrouve avec une poutre dans l'œil, **Luc 6,41** ;
- il s'agit de jeter la première pierre, **Jean 8,1-11**...

À lire

Un conseil de lecture pour ceux qui ne voient pas ce qu'il y a de drôle dans tout ça : Didier Decoin, *Jésus le Dieu qui riait*, Livre de Poche, 2001. Dans ce roman, l'auteur ne raconte pas toute l'histoire de Jésus, mais volontairement la partie joyeuse de sa vie. Il dresse un portrait heureux du Christ, « un Dieu saisi par le bonheur d'aimer ».

BÉATITUDES REVUES ET CORRIGÉES

« Bienheureux ceux qui savent rire d'eux-mêmes :
ils n'ont pas fini de s'amuser.
Bienheureux ceux qui sont attentifs
à l'appel des autres,
sans toutefois se croire indispensables :
ils seront ferments de foi.
Heureux êtes-vous si vous savez admirer un sourire
et oublier une grimace :
votre route sera ensoleillée.
Bienheureux ceux qui pensent avant d'agir
et qui prient avant de penser :
ils éviteront bien des bêtises.
Heureux êtes-vous si vous savez vous taire
et sourire, même lorsqu'on vous coupe la parole,
lorsqu'on vous contredit
ou qu'on vous marche sur les pieds :
l'Évangile commence à pénétrer votre cœur. »

Joseph Folliet

Rire plutôt que gronder

AVEC LES PETITS

Si les petits refusent de se laver, de manger ou d'aller se coucher, essayez l'un des trois jeux suivants :

- Faire le clown, en parlant de façon incohérente, avec des gestes balourds.
- Faire comme si l'enfant avait disparu et le chercher partout.
- Parler avec une drôle de voix, très pointue ou très basse, qui tousse tout le temps ou éternue.

Ça ne marche pas à tous les coups, mais, le plus souvent, le rire prend le dessus et la situation se débloque. Ouf !

BONNES blagues

À LA MAISON

Il y a des bons mots qu'on voudrait ne jamais oublier, et qu'on aimerait beaucoup partager. Pour mettre un peu d'humour dans la maison, il suffit de les noter sur des petits papiers que l'on accroche ici ou là. Certains oseront même les écrire directement à main levée sur les murs !

Joyeux anniversaire !

Aujourd'hui, on fête le jour de naissance de quelqu'un qu'on aime, et l'année qu'il vient de vivre. Il est traditionnel de prévoir un cadeau. Mais, au fait, qu'est-ce qui est le plus important dans ce geste ? N'est-ce pas l'affection, que l'on souhaite traduire au mieux ?

EN FAMILLE

Celui dont c'est bientôt l'anniversaire peut prendre cette initiative qui nous vient du Québec : il délivre à l'avance aux membres de sa famille des « autorisations de non-achat de cadeau » comme celle-ci.

AUTORISATION DE NON-ACHAT DE CADEAU

Puisque l'essentiel dans la vie ne s'achète pas qu'il est invisible pour les yeux (comme l'a dit Saint-Exupéry) et que j'ai déjà tout ce qu'il me faut.

....

Je, soussigné(e)..

Autorise avec grand plaisir ....

à ne pas m'acheter de cadeau pour mon anniversaire.

Je préférerais :

- ☐ faire une promenade avec toi
- ☐ jouer des heures ensemble
- ☐ un dessin de ta main
- ☐ une autre idée à toi
- ☐ déguster un repas que tu as préparé
- ☐ recevoir une lettre de toi
- ☐ un cadeau fait maison

Document certifié authentique par ma signature : ....

QUELQUES IDÉES DE CADEAUX

PENSER AUX AUTRES

- Offrir un bon pour un cours artistique, une activité sportive
- Réaliser un photomontage avec les photos des dernières vacances
- Écrire et illustrer une histoire
- Tricoter ou coudre un vêtement
- Créer un tableau des services de la maison *(voir p. 66)*
- Créer un déguisement à partir d'anciens vêtements et de bijoux fantaisie
- Trouver un correspondant à l'étranger
- Encadrer une de ses œuvres d'art
- Parrainer un enfant
- Graver un CD spécial avec des musiques choisies
- Rédiger un livre de recettes collectées dans la famille
- Collecter les meilleurs souvenirs de chacun et les présenter d'une façon créative
- Remplir un panier de gourmandises faites maison
- Visiter ensemble un quartier de sa ville ou un coin de campagne
- Organiser un pique-nique dans un parc avec des invités surprise
- Apprendre à quelqu'un l'un de ses savoir-faire

Poème sur mesure

PENSER AUX AUTRES

Cherchez en quoi la personne fêtée est elle-même un cadeau. Qu'a-t-elle su offrir aux uns et aux autres dans l'année écoulée ? Sa joie de vivre, ses blagues, ses chansons, de la bonne cuisine, des tours à vélo… Mélangez ces quelques ingrédients, faites-les revenir avec amour et concoctez un joli poème d'anniversaire.

Environ 206 os, 650 muscles, 100 milliards de neurones, dix mille milliards de bactéries qui nous aident à vivre… C'est pas un miracle, ça ? Le corps humain est un trésor qui nous est confié. Chacun doit en prendre soin en répondant à ses besoins. C'est quotidien mais pas anodin, on touche là à quelque chose de sacré.

Cahier-mémoire de mon corps

AVEC LES PETITS

Les enfants appréhendent le monde essentiellement par le corps. Dans un cahier personnel, notez par rubriques, au fur et à mesure du temps qui passe, tout ce qui concerne les soins et l'évolution corporelle de l'enfant. Lorsqu'il sera suffisamment grand, il prendra plaisir à compléter ce cahier avec ses parents.

Fiche d'identité : photo, taille et poids à la naissance.

Ce qui se transforme : courbes de la taille et du poids, empreinte des pieds ou des mains à la peinture, portraits dessinés ou photos…

Ce qui entretient la machine : sport, marche, vélo…

Les moments préférés : jeux, attitudes, grimaces…

Ce que je lui donne à manger : les plats qu'il aime, les aliments qui lui font du bien, ceux qu'il doit éviter…

Quand on le soigne : souvenirs de maladies et de visites à l'hôpital…

Quand il se repose : le lieu où il dort, la position, l'heure du coucher et du réveil, les câlins…

État de la machine : inscrire les petits ou les gros accidents de parcours : chute de vélo, bras cassé ou points de suture…

EN FAMILLE

ACROGYM

Voici une sorte de gym tout droit venue du cirque ! À deux, trois, quatre ou cinq, ce jeu consiste à inventer toutes sortes de figures, pyramides et autres acrobaties. Pour amortir les chocs, disposez des tapis, des matelas ou des coussins sur le sol. On peut trouver des idées en tapant « acrogym » sur le Net.

À pratiquer en famille sans modération, mais attention aux chutes… et aux fous rires.

Un corps qui sait prier

Sur toute la terre et quelle que soit leur religion, les hommes se servent de leur corps pour prier. À la maison aussi :

PRIÈRE

En se tenant debout

En étant assis

En se mettant à genoux

En restant immobile

En dansant

En levant les mains

En joignant les mains

En se donnant la main

« *Le corps en effet (et seulement lui) est capable de rendre visible ce qui est invisible : le spirituel et le divin. Il a été créé pour transférer dans la réalité visible du monde, le mystère caché de toute éternité en Dieu et en être le signe visible.* »

Jean-Paul II, *audience du 20 février 1980*

Les églises sont des endroits bien particuliers, où tout est mis en œuvre pour que l'homme s'approche un peu plus de Dieu. Là, on peut simplement voir, entendre, sentir et goûter, mais plus encore admirer, écouter, humer, palper et savourer. Alors, chaque instant passé dans un tel lieu peut devenir prière.

Le toucher

En premier, la porte à pousser.
Puis l'eau fraîche effleurée pour tracer sur soi le signe de la croix.
Et aussi la pierre des colonnes, la chaleur du bois des bancs, la douceur d'un cierge...

LA VUE

En premier, la lumière.
Puis le baptistère, la croix et le tabernacle : ils mettent en présence du mystère chrétien qu'est la Vie, la mort et la Résurrection.
Et aussi toutes les histoires que racontent les vitraux, les chapiteaux, les couleurs...

L'ODORAT

En premier, le parfum spécifique du lieu.
Puis les odeurs différentes de bois, de bougies, d'encens...

L'ouïe

En premier, le silence.
Puis la Parole de Dieu. Mais aussi la musique de l'orgue, la psalmodie des moines, les chants de l'assemblée...

Le goût

Il faut reconnaître que ce sens n'est pas très sollicité quand on est dans une église. Peut-être est-ce pour le réserver à la communion avec le corps du Christ, Pain de Vie ? Peut-être s'agit-il de savourer à une autre profondeur sa Parole...

MAI JUIN

SOMMAIRE

Méditer – Les mains	p. 97
Mille et un gestes	p. 98
Paroles d'Évangile – Le Bon Samaritain	p. 100
Ne pas juger	p. 102
Rayonner de la présence de Dieu	p. 104
La première communion	p. 106
Le mensonge	p. 108
L'humilité	p. 110
Fête des Mères, fête des Pères	p. 114
Méditer – L'eau	p. 117
De l'eau, de l'eau...	p. 118
Cinq sens en éveil – Au jardin	p. 120
Les mots de l'Évangile – Aimez-vous	p. 122
L'Ascension	p. 124
La Pentecôte	p. 126
La joie !	p. 128
Faites de la musique !	p. 130
La fête des voisins	p. 132

« Que vienne sur nous la douceur
du Seigneur notre Dieu !
Consolide pour nous l'ouvrage de nos mains ;
Oui, consolide l'ouvrage de nos mains ! »

Ps 141(140)

Les mains

Arriver les mains vides
Avoir le cœur sur la main
Cacher les mains derrière son dos
Donner la main
Être dans de bonnes mains
Fabriquer un objet à la main
Mettre la main à la pâte
Faire un signe de la main
Joindre les mains
Marcher la main dans la main
Offrir un coup de main
Ouvrir la main
Parler avec les mains
Prendre quelqu'un par la main
Prendre son courage à deux mains
Repartir les mains pleines.

Les relations humaines ne peuvent pas se passer de gestes. La même main s'emploie pour bénir ou pour maudire, pour guérir ou pour frapper, pour réconcilier ou pour semer la discorde, pour vivifier ou pour tuer. Beaucoup des gestes de Jésus ont été rapportés. Prêter une attention particulière à l'attitude du Christ peut aider à donner de la densité à certains de nos gestes quotidiens.

COMPRENDRE Des chercheurs ont étudié notre langage quotidien avec tout ce qui le compose : mots, intonations, gestes... Voilà les résultats de leur travail : lorsque quelqu'un s'exprime, le sens de ses mots compte pour 7 % dans la compréhension du message, l'intonation de sa voix pour 38 % et ses gestes pour 55 % !

AVEC LES PETITS Pour s'amuser et réaliser l'importance du langage du corps, choisir une phrase comme « Tout va bien » qu'on dira sur un ton assez neutre mais accompagnée de différents gestes : croiser les bras, bouder, baisser la tête, tapoter du pied, sourire, taper dans ses mains...

« On présentait à Jésus des enfants pour les lui faire toucher. […] Il les embrassait et les bénissait en leur imposant les mains. » Mc 10,13-16

PRIÈRE

Des mains qui...

... demandent, louent, remercient, offrent...

Des mains qui soignent

Un bon massage a des vertus thérapeutiques.
À la maison, voici deux situations où il sera le bienvenu :

« J'ai mal à la tête. »

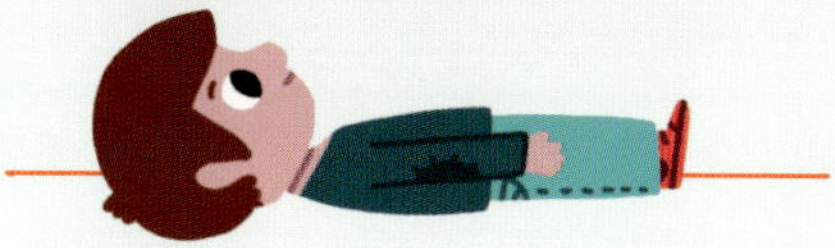

1 La personne à soigner s'allonge.
2 Posez les mains sur ses épaules et appuyez doucement.
3 Les doigts sont joints au milieu du front et glissent vers les tempes.
4 Du bout des doigts, dessinez de petits cercles sur les tempes, puis vers les oreilles et le long de la mâchoire.

« J'ai mal au ventre. »

1 La personne à soigner s'allonge, jambes repliées.
2 Avec les deux mains à plat, massez le ventre dans le sens des aiguilles d'une montre.
3 Pétrissez doucement le ventre avec les doigts, du milieu vers les hanches.
4 Tapotez les hanches avec les poings. Finissez par une caresse toute douce sur le ventre.

« Vous avez le don de sauver des vies ! »

On le sait bien, quand l'accident survient, il existe des réflexes simples et des gestes vitaux qui peuvent faire la différence, en attendant l'arrivée des secours ! Pour les apprendre, dix heures de formation suffisent.
En savoir plus, cliquez et tapez :
http://www.croix-rouge.fr/

Connaissez-vous les quelques gestes essentiels pour communiquer avec des personnes handicapées ou mal-entendantes ? Pour découvrir ces langages bien précis (la langue des signes, le Makaton...), rendez-vous sur :
http://surdite.lsf.free.fr/
http://www.makaton.fr/

« Merci »

Pour faire comprendre ce qu'est la relation vraie à son prochain, Jésus raconte l'histoire du Bon Samaritain. Comme dans beaucoup de passages de l'Évangile, on peut se reconnaître tour à tour dans différents personnages : l'homme blessé, celui qui est proche de son frère humain et celui qui ne l'est pas, celui qui lui redonne vie et celui qui s'en détourne.

HISTOIRE

Un docteur de la Loi pose cette question à Jésus : « Qui donc est mon prochain ? » Jésus lui répond : « Un homme descendait de Jérusalem à Jéricho, et il tomba sur des bandits ; ceux-ci, après l'avoir dépouillé, roué de coups, s'en allèrent en le laissant à moitié mort... »
Retrouvez la suite de la parabole dans Luc 10,25-37.

EN FAMILLE

ATELIER THÉÂTRE

Comme dans la vie, certains personnages de cette histoire jouent des rôles, d'autres sont authentiques. Afin de bien entrer dans ce récit, voici une idée de mise en scène qui permet de choisir son masque et de partir pour un périlleux voyage entre Jérusalem et Jéricho. Rien n'empêche de changer les rôles pour une deuxième représentation.

Matériel

- le texte de l'Évangile (Luc 10)
- du carton
- du papier blanc
- crayon noir, gomme, feutre marqueur noir
- cutter ou ciseaux, colle

Pour commencer, on travaille le texte

1 Lisez ensemble le texte en entier.

2 Nommez les personnages de la parabole, situez-les socialement, puis recherchez leurs sentiments tout au long de l'histoire.

MÉDITER

VISAGE BLESSÉ :
Passant agressif
Voisin casse-pieds
Enfant révolté
Conjoint renfermé
Frère jaloux
Moi-même vexé ou fatigué

REGARD DÉTOURNÉ :
Pas le temps
Pas envie
Pas question
Pas concerné
Trop imprévu
Trop peur
Trop dur

AMOUR DONNÉ :
Qui s'approche tout près
Qui regarde
Qui accepte l'inconnu
Qui soigne
Qui remet debout
Qui donne sans retour

Ensuite chacun son masque

1 Répartissez les rôles : l'homme en voyage, le prêtre, le lévite, le Samaritain, les bandits, l'aubergiste. En fonction des sentiments ressentis, cherchez les expressions à transcrire sur le masque. L'homme en voyage aura un masque double-face content/blessé.
2 Sur du papier blanc, tracez le contour des masques, placez les yeux en mettant la feuille devant vous. Dessinez d'une façon expressive le visage du personnage, avec quelques détails (cheveux, barbe, chapeau, cicatrice...).
3 Repassez les traits au marqueur noir. Collez la feuille sur du carton et découpez. Percez les yeux.

Du côté de la mise en scène

1 Lisez le texte à un ou à plusieurs lecteurs, selon la taille du groupe.
2 Mimez la parabole, en veillant à ce que chaque acteur porte son masque de façon visible pour les spectateurs.
3 Si le récit de la parabole est bien connu du public, il peut être mimé sans parole, sur un fond musical, ou inséré dans la lecture des paroles de Jésus qui l'encadrent (versets 25 à 29, puis 36 à 37).

À plusieurs reprises, Jésus invite les hommes à entrer dans une attitude de non-jugement. Sachant qu'il faut prendre ce chemin, comment progresser pour éviter ces jugements si rapides que l'on émet les uns sur les autres, mais aussi sur soi-même ? Le premier pas est d'en prendre conscience. Le second, de se laisser transformer petit à petit.

Jésus disait à des pharisiens qui l'interrogeaient : « Vous, vous jugez de façon purement humaine. Moi, je ne juge personne. » Jn 8,15

PENSER AUX AUTRES

Conversations anodines

Que ce soit au téléphone, dans la rue ou au travail, on est souvent amené à parler des autres et donc à penser à eux. On échange ainsi des nouvelles, mais de quelle façon ? Si la pente naturelle est de s'intéresser à ce qui cloche, est-ce là le plus bénéfique pour nos proches ? Si on pense que non, fermer la porte à tout commentaire désobligeant deviendra un job à durée indéterminée.

Jeu de mots

À LA MAISON

Pour prendre la situation avec humour, rechercher des expressions concernant la médisance et le non-jugement, puis les illustrer pour les faire deviner aux autres. Par exemple, avec le mot « langue » :

PRIÈRE

« Seigneur, délivre-moi
de la langue perfide,
de la bouche qui ment. »
Ps 120,2

EN FAMILLE

KIT DE SECOURS

« Il est nul, ce prof ! » ; « De toute façon, c'est plus ma copine ! » ; « T'as vu ce qu'a fait le directeur ? » ; ... Quand quelqu'un tombe dans l'abîme du jugement sans appel, voici un kit de secours qui pourra l'aider à remonter la pente.

Qu'est-ce qui s'est passé ?

Qu'en sais-tu vraiment ?

Peux-tu y changer quelque chose ? Comment ?

De quoi as-tu besoin ?

As-tu peur de quelque chose ?

Qu'est-ce qu'il y a à apprendre dans cette histoire ?

Lecture

Lytta Basset, ***« Moi, je ne juge personne », l'Évangile au-delà de la morale***, Albin Michel, 2003. Le texte de cette théologienne protestante peut paraître difficile d'accès par sa densité. Mais celui qui saura s'y plonger constatera petit à petit combien il juge sans cesse et comment le Christ, par son exemple, l'invite à dépasser cette attitude très humaine.

Trois petites histoires

CONTE DE SAGESSE JUIVE

Une nuit, un sage se perd dans la forêt. Il porte une bougie qui soulage sa solitude, mais voilà qu'un coup de vent l'éteint. Désespéré, il se couche et s'endort. Peu après, il est réveillé par du bruit : ce sont des bandits qui cherchent une victime et qui repartent sans le trouver. Alors, il bénit Dieu d'avoir été à la source de ce vent qui a éteint sa bougie.
Ce qui semble négatif s'avère parfois positif. Apprendre à voir les choses sans les juger négativement permet de mieux les vivre...

LES BONS CONSEILS DE SAINT PHILIPPE NÉRI

À une dame bavarde et médisante qui venait se confesser à lui, saint Philippe demanda d'acheter une poule et de la plumer en parcourant la ville. Quand la dame revint, il lui dit d'aller ramasser les plumes. « Mais c'est impossible ! » rétorqua-t-elle. Il répondit alors : « C'est comme la calomnie : une fois qu'on a dit du mal de quelqu'un, cela se répand et c'est impossible à rattraper. »

UNE DAME TÉMOIGNE

« Quand j'étais petite, j'ai expliqué à une amie que ma mère m'énervait à cause d'une certaine chose. Un quart d'heure après, j'ai entendu ma copine dire du mal de ma mère, et je me souviens combien j'ai été blessée. Et pourtant elle n'avait fait que répéter ce que je venais de lui dire... »

Il y a une différence entre juger et discerner. *Pour aller plus loin, rendez-vous p. 195.*

 Rayonner de la présence de Dieu

Certaines personnes sont comme des rayons de soleil. Il émane d'elles quelque chose de bien particulier. Quand on les rencontre, on ne repart jamais tout à fait pareil et on aimerait bien connaître leur secret. On ressent qu'il y a là de l'amour qui passe. Les chrétiens croient que Dieu est la source de cet amour. Ainsi, à chaque fois qu'un homme aime, il sait que c'est Dieu qui aime en lui. Saint Paul le dit comme cela : « Ce n'est plus moi qui vis, c'est le Christ qui vit en moi » ***(Ga 2,20).***

Je veux voir Dieu

La première étape importante, c'est d'apprendre à voir cette présence de Dieu partout et tout le temps. Feuilletez attentivement ce livre, car la plupart des pages vous y invitent. Mais surtout, faites vos propres expériences, car ce chemin-là est unique pour chacun.

MÉDITER

« Moi, je suis le pain de la vie. Celui qui vient à moi n'aura plus jamais faim ; celui qui croit en moi n'aura plus jamais soif. » *Jn 6,35*

« *Plus on découvre la lumière à l'intérieur de soi, plus on trouve le courage de tout accueillir.* »

Jean Vanier

PRIÈRE

Seigneur,
que tout commence aujourd'hui,
que ma vie s'éternise dans chaque moment présent que Tu me donnes.
Qu'il n'y ait plus de retour sur mon passé,
plus de regrets des choses qui ne sont plus,
mais cette décision ferme et inébranlable de faire de ma vie
un chef-d'œuvre de lumière et d'amour,
en étant simplement là au milieu des hommes,
au milieu de ma famille, de mes collègues,
toujours simplement là, comme une présence qui reflète la Tienne
et qui apporte la Lumière et le Sourire de Ton Amour.
D'après **Maurice Zundel**, 1961.

Pour mieux voir, changez de lunettes !

AVEC LES MAINS

« On ne voit bien qu'avec le cœur », révèle le Petit Prince de Saint-Exupéry. En deux coups de ciseaux, ce petit brico-rigolo rappellera cette perle de sagesse.

Matériel

- 1 feuille de papier à dessin
- 2 élastiques
- ciseaux
- aiguille
- feutres

1 Découpez un cercle de 6 cm de diamètre dans le papier.

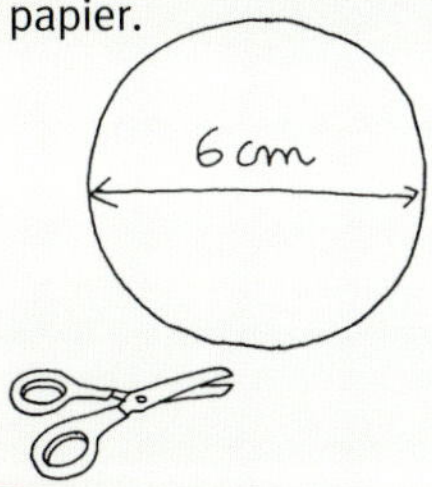

2 Tracez le diamètre au crayon à papier.

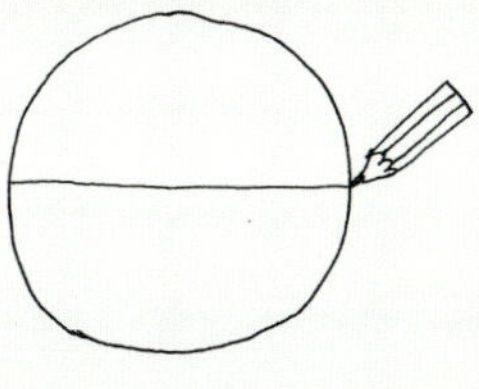

3 Sur le diamètre, à 2 et 4 cm du bord, percez 2 gros trous avec l'aiguille.

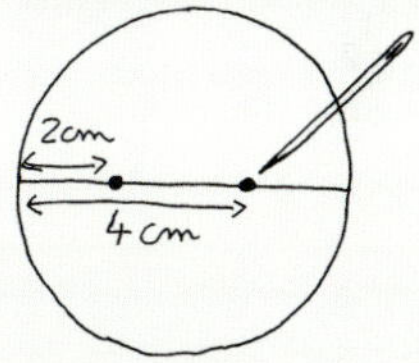

4 Dessinez une tête de bonhomme autour de ces deux yeux.

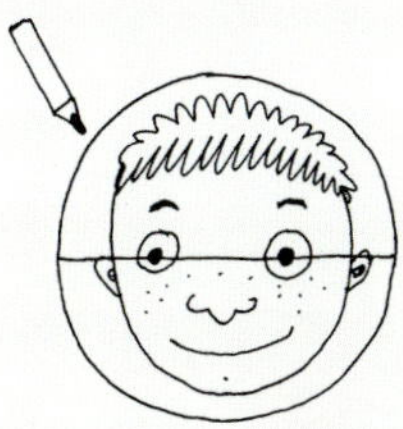

5 Sur l'autre face, dessinez des lunettes « tête en bas » en forme de cœur autour des deux yeux.

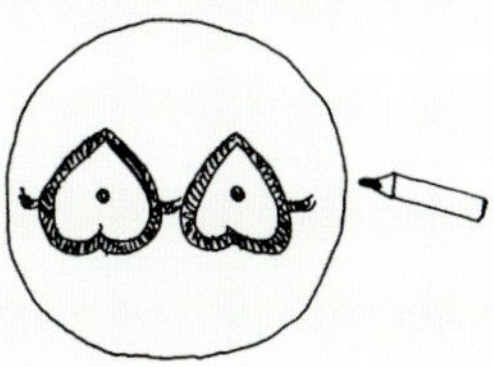

6 Percez deux autres trous sur le même diamètre à 8 mm du bord.

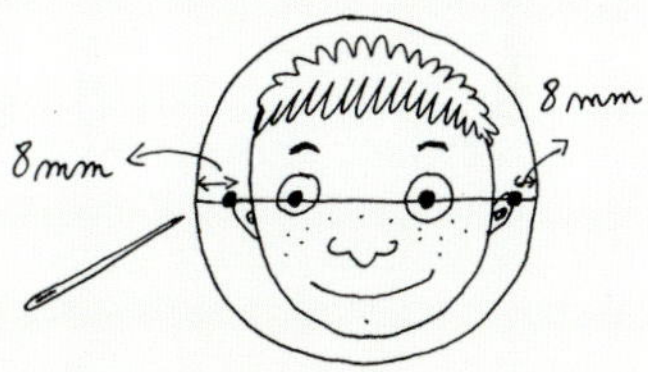

7 Enfilez un élastique dans chaque trou.

8 Entortillez les élastiques et faites tourner le disque à toute vitesse : les deux images se superposent !

En général, les enfants préparent leur première communion dans leur paroisse ou leur école. Mais on parle aussi de ce grand jour à la maison.

La liturgie parle avec des symboles. Certaines pages de ce livre permettent d'en chercher le sens :
le pain (p. 70).
la lumière et le vêtement blanc (p. 74).

Te dire merci

PRIÈRE

Seigneur notre Dieu,
Grandir avec nos enfants chaque jour,
et te dire merci.
Être là aujourd'hui, les voir s'approcher
tout près de toi,
et te dire merci.
Reconnaître le regard plein de foi et
de patience qu'ont posé sur eux
ceux qui les ont préparés,
et te dire merci.
Recevoir tout ce qui a été donné
pour la beauté de cette journée,
et te dire merci.
Continuer tous ensemble l'aventure de la vie,
et te dire merci.
Se savoir pour cela entourés de l'amour
de nos familles et de nos amis,
et te dire merci.
Reconnaître en toi la source de cet amour,
et te dire merci.

MÉDITER

LA PRÉSENCE DE JÉSUS

La présence de Jésus dans le pain de l'eucharistie est un mystère. On ne peut donc jamais la comprendre complètement. Mais voici une petite comparaison qui peut aider à saisir ce que signifie « être présent ». Imaginer quelqu'un qui attend une lettre d'un ami. Quand enfin il la reçoit, cet ami lui devient présent, proche de lui. S'il peut mettre la lettre dans sa poche, il ne peut pas y mettre son ami ! On peut dire que la lettre est le signe et que l'ami y est présent, de façon invisible.

AVEC LES MAINS

DES CARTES SUR MESURE

Le jour de la fête, les enfants aiment offrir à leurs invités une carte qui rappellera cet évènement. Les fabriquer soi-même est une occasion de faire ensemble des recherches dans l'Évangile.

matériel

- du papier épais
- feutres ou peinture
- un feutre noir

1 Découpez une carte d'environ 6 x 10 cm.

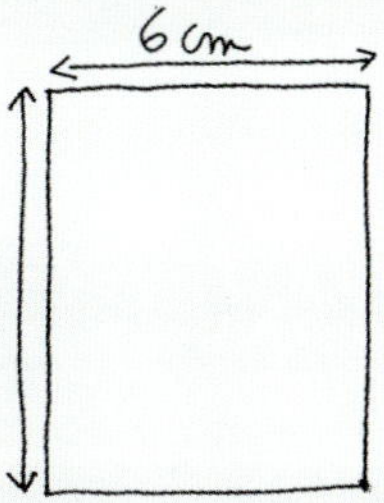

2 Écrivez en bas une phrase de l'Évangile, que vous aimez bien.

3 Sur la partie supérieure de la carte, dessinez un objet symbolique : pain, coupe de vin, colombe, rameau d'olivier...

4 Autour du motif, tracez des traits « façon vitrail ».

5 Mettez en couleur avec soin, puis inscrivez au dos le nom du premier communiant et la date de la fête.

Le meilleur souvenir

EN FAMILLE

Cette fête va réunir des personnes de toutes les générations. Chacune a son histoire. Prenez un moment, avant de passer à table par exemple, pour que chacun évoque le meilleur souvenir du jour de sa première communion. Certains auront tout oublié, d'autres se souviendront de détails bien précis, et souvent, des trésors cachés se révéleront. Peut-être y aura-t-il des surprises ?

Mentir, un besoin ?
Il y a plusieurs degrés dans le mensonge. Il y a l'histoire un peu fantaisiste ou exagérée, qui peut être un moyen de se protéger, de fuir la réalité. Mais le mensonge peut aller jusqu'à la volonté délibérée de nuire. Le propre du mensonge est d'avoir un visage trompeur. Pas facile alors de s'y retrouver. Voici quelques pistes pour essayer quand même.

OUI = OUI et NON = NON

« Quand vous dites “oui”, que ce soit un “oui”, quand vous dites “non”, que ce soit un “non”. Tout ce qui est en plus vient du Mauvais. »
Matthieu 5,37

Les menteurs de l'Évangile

MÉDITER

On peut s'amuser à chercher quelles sont les personnes qui jouent un rôle trompeur dans l'Évangile. On risque de rencontrer de grands menteurs : les irréprochables, les savants, la parfaite maîtresse de maison, le meilleur disciple... Le Christ dit à chacun, droit dans les yeux : « Ce n'est pas là l'essentiel. L'essentiel est d'être ce que vous êtes appelé à être et non pas à paraître ceci ou cela. »
Aujourd'hui, on peut aussi regarder en face nos propres jeux de rôles, nos astuces pour paraître irréprochable, savant, parfait... Et, si on cherche à être et non plus à paraître, voilà trois bonnes questions à se poser de temps en temps (assez souvent en fait !) :

- **Qu'est-ce qui se cache derrière tel comportement ?**
- **Cherche-t-on à prouver quelque chose ?**
- **Qui cherche-t-on à satisfaire ?**

Le risque, c'est qu'on n'a pas fini de faire des découvertes...

EN FAMILLE

LE MENSONGE FAIT SON CINÉMA

Voici trois films qui naviguent entre mensonges et vérités. Ils concernent plutôt les grands, avec qui pourront s'engager débats et discussions :

- ***Secrets and lies (Secrets et mensonges)*** de Mike Leigh, 1996, un film bouleversant sur le racisme, la recherche d'identité et de ses racines.
- ***Separate lies***, de Julian Fellowes, 2006, l'histoire mouvementée d'un couple passant d'une relation tissée de mensonges à une vérité qui laisse place à l'amour.
- ***Un secret***, de Claude Miller, 2007, au sujet d'un secret de famille issu de la guerre de 1940 et du mensonge par omission.

AVEC LES PETITS

raCONTE

« Je ne suis pas menteur, je suis conteur. Mon conte n'est ni vérité ni mensonge… c'est à vous d'y voir clair. » *Citation glanée sur le web.*
Voilà une formulette qu'aiment utiliser les conteurs. Sans mentir, leurs histoires permettent de comprendre bien des choses. Elles peuvent toujours être lues à plusieurs niveaux. Ainsi, elles s'adressent à tous, des plus petits aux plus âgés, des plus novices aux plus expérimentés. En voici une qui parle de mensonge et de vérité : un conte tibétain pour réfléchir avec des petits à ce qu'est le mensonge : ***Un si gros mensonge***, illustré par Ronan Badel, Les Classiques du Père Castor, 2005.

Un livre passionnant pour découvrir ce qui se cache derrière les contes : ***Psychanalyse des contes de fées***, de Bruno Bettelheim, Pocket, 1999.

Faire face

Le mensonge d'un proche, aussi douloureux soit-il, peut devenir une source d'informations. Tout dépend comment on va se situer. Plutôt que juger vite ou déplorer le problème à qui veut bien l'entendre, on peut considérer la situation comme un tremplin et essayer de comprendre les motifs de celui qui ment. Derrière ce mensonge se cache peut-être une vérité, quelque chose à apprendre. Comprendre un peu mieux celui qui nous blesse permet un nouveau départ pour retrouver la confiance.

PRIÈRE

Avec l'aide de l'Esprit de Vérité

Viens, Esprit saint, en nos cœurs
Et envoie du haut du ciel
Un rayon de ta lumière.

Lave ce qui est souillé,
Baigne ce qui est aride,
Guéris ce qui est blessé.

Assouplis ce qui est raide,
Réchauffe ce qui est froid,
Rends droit ce qui est faussé.

Extrait de l'hymne à l'Esprit saint de la Pentecôte

L'humilité L'humilité L'humilité

« Celui qui s'abaissera sera élevé », Mt 23,12. C'est le mystère de Pâques : seul ce qui meurt ressuscite. Là est le parcours à vivre à la suite du Christ. Mais ce chemin, est-il si simple à emprunter ? Et pourtant, l'invitation est là. Voici, comme quelques gouttes dans l'océan, des pistes à expérimenter en famille.

Allons voir si la rose...

En plein air

Allons voir si la rose, qui ce matin avait éclose, ne cache pas un mystère derrière ses pétales. Sait-on qu'une visite aux rosiers du jardin peut se transformer en méditation sur l'humilité ?
Pour exprimer ce qu'elle vivait, sainte Thérèse de Lisieux a écrit des poèmes. Dans l'un d'eux, elle se compare à une rose effeuillée qui a donné tous ses pétales à Jésus. La rose est une fleur pleine d'éclat, elle est aimée pour ses couleurs magnifiques et son parfum délicieux. Il existe même des jardins qui lui sont entièrement consacrés. Alors, quand on l'effeuille, la rose, humblement, donne tout ce qu'elle est. Qu'on ne se méprenne pas, il ne s'agit pas de ne plus exister, mais plutôt à la fois de donner le meilleur et d'effeuiller peu à peu ce qui nous sépare de Dieu.

« Seigneur, sur tes autels plus d'une
fraîche rose aime à briller,
elle se donne à Toi... mais je rêve autre
chose :
c'est m'effeuiller !...
Une rose effeuillée sans recherche
se donne pour n'être plus.
Comme avec bonheur à toi
je m'abandonne, Petit Jésus. »

Sainte Thérèse de Lisieux

ÉLOGE DE L'ÉPLUCHEUR DE PATATES

Méditer

Un jour, dans une cuisine
quelqu'un me désigne
pour une tâche ingrate :
éplucheur de patates !
Avec cela, qui voulez-vous que j'épate ?
Eh bien, je viens vous livrer
ce qu'un ami m'a appris,
lui qui, ce jour-là, vint m'aider
à éplucher d'autres légumes aussi.
Tout simplement qu'il y a du bonheur
à servir ses frères et sœurs,
et que les tâches simples que personne ne voit
sont souvent celles qui ont le plus de poids.
Voilà un grand mystère
qui secrètement chaque jour dans le monde s'opère.

Serviteur fidèle, surtout n'oublie pas :
avec amour les petites choses tu accompliras,
et un jour de grandes on te confiera.

EN FAMILLE

RECETTES POUR CULTIVER L'HUMILITÉ

Certaines expériences nous permettent de prendre la mesure de notre petitesse :

contempler un ciel étoilé

lors d'une promenade en montagne, crier et écouter l'écho de sa voix

se laisser déborder par l'émotion d'un beau morceau de musique

À LA MAISON

Minuscule graine de moutarde

Jésus raconte qu'une microscopique graine deviendra un jour le plus grand des arbres. Il invite ainsi à tourner son regard vers ce qui est tout petit. Il se vit à la maison des choses minuscules qu'il s'agit d'arroser au lieu de les étouffer :

- reconnaître même un tout petit progrès plutôt que de se traiter de nul,
- louer un effort même minime,
- être heureux d'avoir rendu un service alors que personne ne l'a vu,
- arrêter d'avoir l'impression de perdre son temps à exécuter les gestes les plus quotidiens....

Se donner, OK, mais pas n'importe comment

PENSER AUX AUTRES

On ne donne vraiment que lorsqu'on n'attend absolument rien en retour. Quand on y regarde de près, beaucoup de nos dons sont piégés. Ils contiennent sans en avoir l'air une demande de reconnaissance, un échange de dettes, une satisfaction personnelle, une contrepartie, un besoin d'être aimé... Agir humblement, ce serait plutôt tout mettre en œuvre au mieux, mais n'exiger aucun résultat en retour. Autrement dit, « si ça marche tant mieux, et si ça marche pas tant mieux aussi ». Gloups !

Maxime attribuée à saint Ignace

MÉDITER

« Tout faire, comme si tout dépendait de soi, tout attendre, comme si tout dépendait de Dieu. » Ce petit texte s'inspire en fait d'une autre maxime plus énigmatique. Pour fureter plus loin sur ce chemin, menez votre enquête sur le web au sujet de la maxime Hevenesi, un jésuite hongrois du XVIIIe siècle.

« L'humilité est une perpétuelle paix du cœur.
C'est n'avoir point de trouble,
c'est n'être jamais fâché ou vexé,
irrité ou endolori.
C'est ne m'étonner de rien qui puisse m'arriver,
ne rien ressentir comme étant dirigé contre moi.
C'est rester calme quand personne ne me louange.
Et, si je suis avili ou méprisé,
c'est trouver en moi un lieu béni où je puisse me rendre,
refermer la porte,
m'agenouiller devant mon Père en secret.
Être en paix, comme au sein d'une mer profonde et calme,
quand tout autour de moi semble trouble. »

Texte gravé sur la tombe du docteur Bob, fondateur des Alcooliques anonymes

IDÉES POUR DEVENIR UN BON JOUEUR

EN FAMILLE

IDÉE 1 Au début d'une partie de jeu de société, donner un handicap aux plus grands ou un avantage aux plus jeunes. Cela permet d'éviter que ce soit toujours les mêmes qui gagnent.

IDÉE 2 Choisir un jeu coopératif où il n'y a ni gagnant ni perdant. Ici, tous les joueurs s'allient pour relever un défi.

IDÉE 3 Pour prouver au perdant qu'il n'est pas « nul », trouver une activité dans laquelle il se sente à l'aise pour favoriser son estime de soi.

IDÉE 4 Plus on joue et mieux on supporte de perdre. Organiser des soirées jeu en famille rendra le moment du jeu exceptionnel : même le mauvais joueur ne voudra le rater sous aucun prétexte.

IDÉE 5 Favoriser les jeux par équipe, car on y partage la responsabilité de la victoire et on n'est plus tout seul à perdre.

mauvais joueur = bon gagneur

Il n'est pas facile de savoir perdre à un jeu, mais il faut aussi apprendre à gagner. Trop glorifier les gagnants ne rend pas service. Le danger est de laisser croire qu'estime et performance sont liées.

Un livre qui aide à réfléchir sur le sujet : *Jouons ensemble... autrement*, Catherine Dumonteil-Kremer, La Plage éditeur, 2006.

Dans l'amour d'un papa et d'une maman, il y a beaucoup à fêter, et pour cela une journée ne suffira jamais. Mais c'est la tradition (commerciale ?) d'y consacrer une journée particulière. Pour préserver à la fête son côté authentique, ce qui est préparé le sera au maximum par les enfants eux-mêmes. Voici quelques propositions qui vont dans ce sens.

UNE JOURNÉE DE SURPRISES

EN FAMILLE

Pendant une journée, organiser pour le parent fêté un programme surprise. Il lui sera dévoilé par des enveloppes qu'il ouvrira à heures précises. Attention, le papa ou la maman doit se laisser guider avec docilité !

- Invitation à un pique-nique familial
- Parcours sportif dans le parc
- Départ pour une visite guidée
- Un goûter pour se reposer
- Atelier cuisine chez des amis complices
- Visite d'un lieu de la région encore inconnu
- Dîner entièrement préparé par les enfants

CAHIER PERSONNALISÉ

AVEC LES MAINS

Se regrouper entre frères et sœurs pour faire le portrait de son papa (ça marche aussi pour maman). Prévoir un cahier qui collectera ce que chacun pourra apporter (textes, dessins, photos, souvenirs...).

- Une ligne pour résumer mon papa
- Ce que papa n'est pas
- La phrase préférée de papa
- Le moment que je préfère avec papa
- Je n'aime pas trop quand papa...
- Un super souvenir
- Un mot secret pour papa
- Je dessine mon papa...

Pour un enfant unique, il existe deux très jolis cahiers prêts à être complétés : *Pour mon papa* et *Pour ma maman*, de Nathalie Weil et Joseph Jacquet, illustrés par Henri Fellner, éditions Milan Jeunesse, 2005.

Prière des mères

PRIÈRE

Pour redonner pleinement leurs enfants à Celui qui les leur a confiés, des mamans se retrouvent au sein des groupes « La prière des mères ». Entre elles, c'est 100 % de confidentialité, 0 % de conseil et une prière régulière qui leur apporte peu à peu paix et abandon des soucis.
Ce mouvement a démarré en Angleterre en novembre 1995, et aujourd'hui des milliers de groupes de confessions différentes se réunissent régulièrement dans plus de 92 pays. Plus d'informations sur http://www.prieredesmeres.com.
Il existe aussi des groupes de pères qui prient pour leurs enfants.

RECETTE

Ribambelles de verrines

Ces petites compositions sont faciles à réaliser, même par les plus petits. Les verrines sont disposées à la queue leu leu sur la table. C'est beau et rigolo, car chacun ensuite se sert à sa guise.

1. Sortez toute la collection de verres de la maison.
2. Prévoyez les ingrédients nécessaires, la plupart ne nécessitent aucune préparation compliquée.
3. Deux règles pour inventer toutes les superpositions possibles : harmonisez les saveurs et contrastez les couleurs.

Chacun choisit ce qu'il va réaliser selon ses goûts... et ses capacités.

ATTENTION !
Les ingrédients, comme le riz, les pâtes, doivent être cuits avant d'être disposés dans les verrines.

SALÉ

Céréales	Poisson/viande	légumes	sauce	petite déco
semoule	thon	en dés	vinaigrette	dés de fromage
riz	crevettes	râpé	crème fraîche	tomates cerises
blé	saumon	en purée	mayonnaise	crackers apéro
pâtes	lardons	en soupe glacée	tomate	fines herbes
	jambon cru		fromage blanc	

SUCRÉ

Biscuit	fruits	laitage	sauce	petite déco
sablé	frais	fromage blanc	coulis de fruit	biscuits
cake émietté	au sirop	yaourt aux fruits	confiture	fruits secs
à la cuillère	en sorbet	glace	chocolat fondu	sucre glace
crêpe	en compote	mousse	crème	bonbons

« L'Éternel sera toujours ton guide,
Il rassasiera ton âme dans les lieux arides,
Et il redonnera de la vigueur à tes membres ;
Tu seras comme un jardin arrosé,
Comme une source dont les eaux ne tarissent pas. »

Isaïe 58,11

Plic et ploc

La goutte d'eau
qui tombe sur mon chapeau
fait plic et ploc.
La douce pluie
qui arrose jour et nuit
dit flic et flac.
La vieille fontaine
qui coule souveraine
murmure plif et plof.
Perle, ruisseau ou océan,
partout l'eau chante
abondamment.

L'eau est nécessaire à toute vie. Chaque organisme vivant sur terre en a besoin tous les jours, et, s'il en est privé, il meurt. Ainsi, l'eau est le symbole universel de la vie, on le retrouve dans toutes les civilisations. Ici donc, quelques gouttes dans un océan d'expériences possibles. À boire à volonté !

Danser sous la pluie

EN PLEIN AIR

1 Aller, pour une fois, courir sous la pluie. Sans manteau et sans chapeau.
2 Respirer à fond les odeurs qui se dégagent. Sentir les gouttes qui tombent sur la peau.
3 Puis, une fois bien trempé, rentrer au chaud, se sécher et se changer.
4 Ne plus jamais dire : « Oh, zut ! Il pleut ! »

EAU PARFUMÉE

RECETTE

Juste pour le plaisir, l'eau peut prendre un goût parfumé. Avec quelques feuilles de menthe ou un jus de citron, c'est facile. Avec de la rhubarbe, c'est possible aussi.

Ingrédients

- 1 litre d'eau
- 700 g de rhubarbe
- 150 g de sucre
- 1 citron bien lavé

1 Lavez les tiges de rhubarbe et coupez-les en morceaux.

2 Plongez-les dans l'eau d'un grand saladier. Laissez tremper au frais une journée.

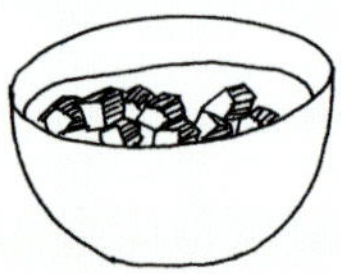

3 Récupérez le jus, versez-le dans une casserole, ajoutez le sucre et le citron coupé en rondelles.

4 Faites bouillir 5 minutes.

5 Une fois refroidi, versez dans une jolie bouteille. Se boit bien frais.

L'eau, un don de Dieu

EN FAMILLE

Dans les récits de la Genèse qui racontent la création du monde, Dieu confie à l'homme la création tout entière. Celui-ci désire souvent en être le maître alors qu'il en serait plutôt l'intendant ; et ce comportement dominateur fait beaucoup de dégâts, y compris sur l'eau ! Voici quelques gestes invitant à mieux respecter l'eau chez soi.

Avoir un arrosoir dans sa cuisine. Besoin d'eau chaude ? On met l'arrosoir sous le robinet en attendant que l'eau chaude arrive. Verres d'eau pas finis ? On récupère dans l'arrosoir l'eau qui servira pour arroser ou nettoyer.

Instaurer la douche cuvette pour les enfants. Remplir d'eau chaude une cuvette posée dans la baignoire vide : c'est comme une mini piscine pour se laver, et on se la renverse sur la tête pour se rincer. Succès et économie d'eau garantis !

D'autres idées sur le site très écolo et plein de ressources : **http://www.econo-ecolo.org** rubrique Gestion de l'eau.

AVEC LES PETITS

Avalanche de bulles

Quelques gouttes de produit vaisselle versées dans de l'eau servent en général à nettoyer. Si on met ce mélange dans un bol et qu'on souffle dedans avec une paille, il apparaît des bulles en une telle quantité qu'on croirait que cela ne va jamais s'arrêter !

L'eau, c'est vital !

EN FAMILLE

Habitué à tourner facilement le robinet, l'homme finit par utiliser l'eau comme un élément sans valeur. Voici trois situations plus extrêmes où l'on pourra ressentir combien l'eau est importante :

- Boire quand on a très soif,
- Se laver quand on est très sale,
- Se rafraîchir quand on a très chaud.

Juste s'arrêter un instant et prendre conscience du bienfait de l'eau à notre égard.

Descendre dans son jardin, le découvrir à l'aide de son nez, y entendre des sons à n'en pas croire ses oreilles, y voir ce qu'on n'y avait encore jamais vu, cueillir des trésors et savourer quelques délices, voici une promenade pour déceler de l'inconnu dans ce qui semblait familier.

L'OUÏE

Pour attirer dans le jardin encore plus de jolis bruits, installez un abreuvoir-baignoire pour les oiseaux. Les abeilles et les papillons viendront aussi en profiter !

1. Choisissez un récipient peu profond, comme une soucoupe de pot de fleurs en terre cuite non vernie ou un grand plat.

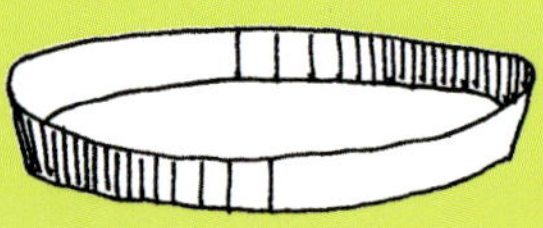

2. Placez au centre du récipient une pierre où les oiseaux pourront se percher.

3. Changez l'eau très souvent, au moins une fois par jour en plein été et trois fois par semaine en hiver.

4. Profitez-en pour nettoyer et désinfecter le récipient en rinçant abondamment.

5. Choisissez un endroit calme et abrité, loin des buissons où un prédateur pourrait se poster.

La vue

Avec les petits

Pour chacun, un bout de ficelle et une loupe. À l'aide de la ficelle, délimitez un carré d'herbe à explorer. Regardez-le à la loupe, comme si vous entriez dans un jardin miniature, et contemplez la beauté de la création. Il n'est pas interdit de chercher les petites bêtes...

EN FAMILLE

L'odorat

Jeu des devinettes : chacun cherche une plante ou un objet odorant dans le jardin. Il cache sa trouvaille dans un sac. Tous sauf un se bandent les yeux, et à tour de rôle on essaie de faire découvrir aux autres ce qui se cache dans son sac.

AVEC LES PETITS

Le toucher

Armé d'une boîte en carton, chacun fait une collecte de matières différentes au toucher. La récolte peut être abondante : feuille, bourgeon, plume, caillou, pétale, écorce, graine... Quand on se retrouve, on montre ses trésors en essayant de les décrire par un mot : doux, piquant, dur, rugueux, souple...

EN FAMILLE

Le goût

Déjà en mai ou juin, il y a des choses à goûter dans les jardins : fraises, framboises, cerises, herbes aromatiques et premiers légumes. Prévoyez un parcours gourmand et choisissez de ne goûter qu'une seule fois de chaque chose, très lentement, juste pour apprendre à savourer. Et, si rien de tout cela ne pousse dans le jardin en question, il est encore temps de faire quelques plantations !

Planter une menthe odorante

1. Dans un grand pot de terre, plantez les petites graines de menthe sous 1 cm de terreau et arrosez.

2. Placez le pot sur un rebord de fenêtre ou enterrez-le dans le jardin. Cela évitera aux plants de menthe de devenir envahissants.

3. Il existe de nombreuses variétés de menthe : la menthe poivrée est très odorante et idéale pour la cuisine !

4. Plantez de préférence au soleil ou à mi-ombre, si possible dans un terreau riche en humus.

> « Je vous donne un commandement nouveau : c'est de vous aimer les uns les autres. Comme je vous ai aimés, vous aussi, aimez-vous les uns les autres. Ce qui montrera à tous les hommes que vous êtes mes disciples, c'est l'amour que vous aurez les uns pour les autres. » Jn 13,34-35

Aimez-vous les uns les autres : voilà résumé en six mots l'idéal de la vie chrétienne. Jésus le répète trois fois de suite, pour ceux qui n'en seraient pas sûrs. Il est avec ses disciples, il va bientôt mourir, avant de les quitter, et il leur dit ce qu'il y a de plus important.
Comment aimer ? « Comme je vous ai aimés. » Un chemin se dessine : celui d'imiter le Fils de Dieu. Première étape : regarder, contempler comment Jésus s'y est pris pour aimer les personnes qu'il a rencontrées.

MON PETIT DOIGT M'A DIT…

AVEC LES PETITS

Quand il s'agit de se glisser dans la peau d'un personnage de l'Évangile, une marionnette à doigt peut s'avérer bien utile. Chacun choisit le personnage du récit qu'il souhaite incarner.

1 Dessinez sur la première phalange de l'index le visage.

2 Entourez le doigt d'un habit de papier décoré au feutre et fixé avec du ruban adhésif.

3 Regardez, il vous va comme un gant ! Une fois que tout le monde est prêt, le récit peut commencer… et même recommencer en changeant les rôles.

MÉDITATION GUIDÉE

Cette expérience peut se faire seul ou à plusieurs. Quelqu'un guide la méditation à voix haute ou bien on l'enregistre à l'avance. N'hésitez pas à adapter cette proposition en fonction de l'âge des participants.

1. Choisir un récit de l'Évangile où Jésus rencontre quelqu'un. Par exemple :
   - ***Une personne malade : le lépreux***, Marc 1,41-42 ; ***l'homme paralysé***, Marc 2,1-1 ; ***Bartimée l'aveugle***, Marc 10,46-52 ; ***la femme qui saigne***, Marc 5,25-34
   - ***Quelqu'un de riche : Zachée***, Luc 19,1-10 ; ***l'homme riche***, Marc 10,17-22
   - ***Une femme seule : la Samaritaine***, Jean 4,5-42
   - ***Un homme puissant : le centurion romain***, Matthieu 8,5-13
   - ***Des enfants :*** Marc 10,13-16
   - ***Une veuve : la femme de Naïm***, Luc 7,11-17
   - ***Des amis proches : chez Marthe et Marie***, Luc 10,38-42
   - ***Des ennemis : l'arrestation de Jésus***, Luc 22,47-53
   - ***Une foule : la multiplication des pains***, Marc 6,34-45
   - ***Une ville : Jérusalem***, Luc 19,41-44.
2. Bien s'installer pour méditer.
3. Lire le texte une première fois pour le découvrir.
4. L'écouter à nouveau en faisant attention au lieu, aux personnages, aux bruits, aux odeurs...
5. Le relire une troisième fois en se glissant soi-même dans le récit, comme un simple figurant ou comme l'un des personnages. Observer de près, ressentir comment Jésus aime dans cette rencontre.
6. Rester en silence un moment, écouter « à l'intérieur » ce que le texte dit. A-t-on appris quelque chose sur ce qu'est aimer ?
7. Conclure ce moment de méditation par un geste, un son, une respiration profonde...

Pour aller plus loin

Pour ceux qui souhaitent découvrir d'autres méditations guidées, allez voir du côté du site Notre-Dame du Web : http://www.ndweb.org/index.html. Ce centre spirituel sur Internet, animé par une équipe de la famille des jésuites, propose de prier à partir d'un psaume, d'un récit évangélique, d'une œuvre d'art...

Quand un saint donne un bon conseil

« Ce court précepte t'est donné une fois pour toutes : Aime et fais ce que tu veux. Si tu te tais, tais-toi par amour ; si tu parles, parle par amour ; si tu corriges, corrige par amour ; si tu pardonnes, pardonne par amour.
Aie au fond du cœur la racine de l'amour : de cette racine, rien ne peut sortir de mauvais. »
Saint Augustin

« *L'amour n'est pas un sentiment. C'est la substance même de la création.* »

Christiane Singer, *Derniers fragments d'un long voyage,* Albin Michel, 2007.

Ascendit in coelis. Jésus est monté aux cieux. Il a disparu ! Et pourtant, avant de partir, il a dit à ses disciples : « Je suis avec vous, tous les jours, jusqu'à la fin du monde. » Ainsi, les chrétiens croient que Jésus ressuscité est à la fois absent et présent. Ce qui est invisible peut être cependant vrai, réel. Quotidiennement, on peut s'exercer à prendre ce recul le plus souvent possible sur tous les sujets, des plus petits aux plus importants.

La présence invisible

À LA MAISON

Quelqu'un part acheter une fleur. Il rentre chez lui, il est content avec sa fleur, mais personne de particulier n'y est rattaché. Par contre, s'il reçoit cette même fleur en cadeau, c'est tout à fait différent. À chaque fois qu'il va l'arroser, la regarder, respirer son parfum, la personne qui la lui a offerte lui sera particulièrement présente.

Et chez vous ? Quelles présences invisibles mais bien réelles se tiennent auprès de vos objets familiers ?

« Après ces paroles, les disciples le virent s'élever et disparaître à leurs yeux dans une nuée. » Mc 10,13-16

EN FAMILLE ATTENTION AU DÉPART !

Bientôt les vacances, et des projets qui vont séparer temporairement les membres de la famille. Voilà que se présente l'occasion d'expérimenter la présence et l'absence à la fois. Comment ?

- Avant le départ : en prenant le temps de la préparation. On transforme en moment d'attention ce qui est souvent une surcharge ou une corvée.
- En pensant les uns aux autres de façon spontanée ou à un moment bien précis convenu à l'avance.
- En s'envoyant du courrier, mais pas n'importe comment, en choisissant ses mots, en prenant le temps de faire un dessin...
- Au retour : en savourant la joie des retrouvailles, en partageant les expériences et en respectant les petits secrets.

Moments difficiles

DIEU DANS MA VIE

Chaque journée est émaillée de situations où il se passe quelque chose d'invisible derrière ce qui est visible.
En effet, il existe un sens à toute chose qui nous arrive, même si celui-ci nous échappe.
Accepter ce qui peut paraître inexplicable est un acte de foi.
Voici quelques exemples où on peut laisser plus de place à cette réalité :

- Quand le fruit d'un effort ne vient pas.
- Quand arrive une situation inattendue, non conforme à nos désirs.
- Quand une situation semble totalement bloquée.
- Quand la vie avec un proche devient difficile.

PENSE-BÊTE

À LA MAISON

Soit, la présence de Dieu à nos côtés n'est pas toujours bien palpable. Pour se la rappeler, rien de tel qu'un pense-bête bien concret. Car on ne se refait pas, on a besoin de signes pour ne pas oublier l'essentiel. Pour cela, chacun va trouver l'objet qui sera le plus adéquat. Ce peut être : une image glissée dans son portefeuille ou collée sur le frigo, une phrase écrite au-dessus de son lit, un grelot accroché au cartable ou au sac à main qui tinte quand on marche dans la rue...

La communion des saints, kézako ?

DIEU DANS MA VIE

C'est l'expérience selon laquelle tous les membres de l'Église visible et invisible sont en union profonde.
Être en communion, c'est vivre une présence très forte avec quelqu'un. C'est possible entre des personnes physiquement proches, mais aussi entre deux êtres éloignés par une grande distance ou séparés par la mort.
Vivre cela, ça sort du « tout à fait normal », c'est un peu tabou et on n'en parle pas ou peu. Croire dans la réalité subtile, c'est aussi oser en parler. Ainsi, on peut être présent à quelqu'un alors qu'il est loin, avoir pensé à un ami alors qu'il vivait au même moment quelque chose de très important, se sentir proche d'un parent décédé, d'un saint qu'on n'a jamais rencontré et qui devient un ami spirituel...

Invisible à nos yeux, l'Esprit saint joue un rôle considérable dans la vie chrétienne. Le chrétien le reçoit de façon marquante au baptême et à la confirmation. Mais, tous les jours, chacun apprend à l'accueillir à nouveau. Il ne s'agit pas uniquement de le prier, mais de lui ouvrir véritablement la porte, afin que toute notre existence se vive en sa présence.
Et petit à petit, il s'infuse dans chaque pensée, chaque geste, chaque relation.

« Je vous dis tout cela pendant que je demeure encore avec vous : mais le Défenseur, l'Esprit saint que le Père enverra en mon nom, lui, vous enseignera tout, et il vous fera souvenir de tout ce que je vous ai dit. » Jn 14,25-26

DU CÔTÉ DES SYMBOLES :

AVEC LES MAINS

Dans la Bible, on voit souvent l'Esprit de Dieu en action, accompagné par le souffle de l'air, le feu ou l'eau. Voici deux objets à fabriquer et une expérience qui racontent à leur façon comment l'Esprit saint vient habiter la vie d'une personne. Avec le vent, le feu et l'eau, ça marche ; sans eux, tout reste comme mort. Une façon imagée de parler de l'Esprit saint, grand mystérieux dont on ne sait ni d'où il vient, ni où il va...

L'ÉOLIENNE : avec ses trois branches, elle s'anime et produit de l'énergie quand elle reçoit le souffle du vent.

1 Découpez un cercle dans du papier à dessin.

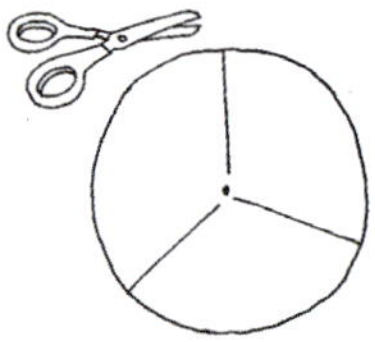

2 Coupez trois fentes et repliez les coins comme sur le dessin.

3 Fixez avec un point de colle.

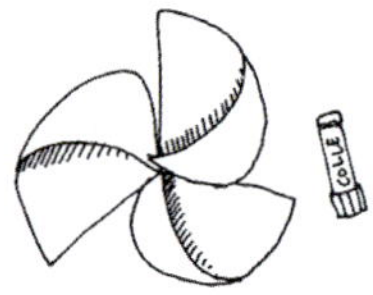

4 Piquez l'éolienne sur un morceau de bois avec une épingle.

5 Plantée dans le jardin ou sur un balcon, elle va tourner, tourner, tourner au gré du vent !

Gestes quotidiens

Dieu dans ma vie

S'ouvrir à l'Esprit Saint, voilà l'attitude spirituelle à trouver pour vivre en communion avec Dieu.
Pour s'en souvenir le plus souvent possible, on repère certains gestes quotidiens d'ouverture : ouvrir un volet, une fenêtre, ouvrir un cartable, un ordinateur, une voiture, tourner la clé dans une serrure, remettre en ordre, faire de la place... Puis on relie ce type de geste à un mouvement intérieur : je m'ouvre à la présence de Dieu, je laisse entrer sa lumière dans les parties sombres de ma journée, je désire débloquer une situation verrouillée, j'accepte qu'un tri se fasse dans mes activités... Et peu à peu, de façon plus subtile que spectaculaire, la vie de celui qui s'ouvre ainsi va changer.

« *Fais-toi capacité, et je me ferai torrent.* »

Sainte Catherine de Sienne

LE PHOTOPHORE : pétri dans de la pâte à sel (1 vol. de sel + 1 vol. d'eau + 2 vol. de farine), il s'éclaire quand il accueille une bougie allumée.

1 Étalez un disque et une bande de pâte à sel.

2 Découpez de petits motifs dans la bande et enroulez-la autour du disque.

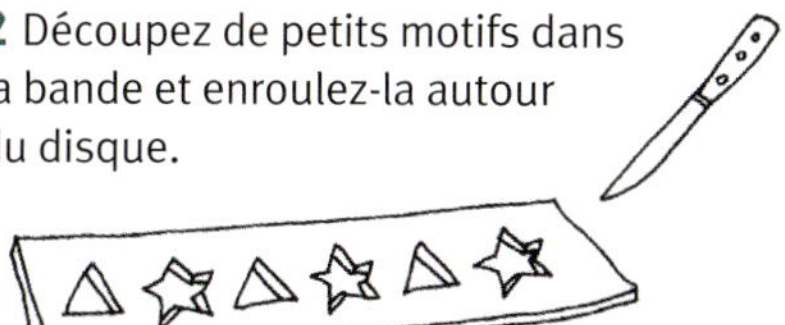

3 Colmatez avec un peu d'eau, puis laissez sécher une journée.

4 Glissez une bougie chauffe-plat. Allumez pour voir...

UN SYSTÈME D'ARROSAGE : grâce à l'eau qui va circuler dans un tuyau, de petites graines vont prendre vie.

1 Remplissez un récipient d'eau, un autre de terre.

2 Plantez des graines de lentilles dans la terre.

3 Enfoncez l'extrémité d'un morceau de tissu dans la terre et plongez l'autre bout dans le bocal plein d'eau.

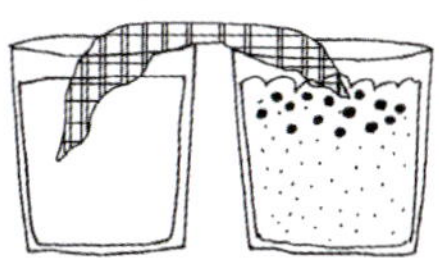

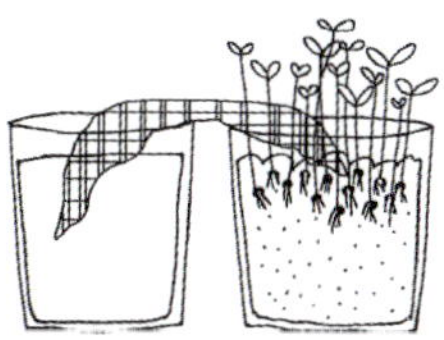

4 Petit à petit, l'eau va circuler, la terre va s'humidifier et les graines vont germer.

À n'en pas douter, le message de l'Évangile, cette Bonne Nouvelle, vient apporter la joie à l'homme.
On entend souvent dire que la joie dont parle Jésus est spirituelle et donc difficile d'accès. Certes, savoir affronter toutes les expériences de l'existence dans la joie est l'apprentissage d'une vie. Alors, sans chercher à gravir cet escalier d'un seul coup, on peut s'attacher à vivre au sein d'expériences simples, concrètes et quotidiennes, une joie plus profonde. Peut-être trouvera-t-on à allier joie humaine et joie spirituelle ?

« Je vous ai dit ces choses, afin que ma joie soit en vous, et que votre joie soit parfaite. » Jn 15,11

AVEC LES MAINS

L'ARBRE À MOTS

1 Disposez à l'entrée de la maison un jeune arbre en pot ou un bouquet de longues branches.

2 Accrochez de drôles de feuilles qui vont rendre joyeux rien qu'à les regarder. Pour cela, écrivez les mots qui font rêver, chanter ou rire sur des étiquettes de couleur.

3 Perforez chaque étiquette, glissez une ficelle dans le trou et répartissez-les sur les branches.

Quand on a le cœur gros, l'arbre à mots peut devenir l'arbre à maux, proche du symbole de la croix. En rentrant à la maison avec un souci, on y accroche d'un simple regard ce qui pèse lourd avant de retrouver les siens. On peut aussi relire son étiquette préférée pour repartir du bon pied.

Variantes

Les photographes y accrocheront des photos rappelant de bons souvenirs, les voyageurs des cartes postales venues de loin, les littéraires préféreront des citations, et les humoristes de bonnes blagues.

WAOUH, C'EST GÉNIAL !

EN FAMILLE

Simplement pour se rendre compte qu'on passe peut-être beaucoup de temps à se plaindre sans même le réaliser, s'exercer à n'employer aucune phrase négative pendant un temps fixé à l'avance. Cela oblige à s'appuyer sur ce qui existe, au lieu de rêver à d'autres satisfactions...

HISTOIRE

Les neuf pièces d'or

(conte de la tradition soufie)

Un homme fit un rêve étrange. Un riche personnage lui rend visite et lui offre neuf pièces d'or. Il hésite à les prendre et demande au visiteur :

– Pourquoi ne m'en donnes-tu pas dix, pour faire un compte rond ?

Devant le refus du riche, il insiste, s'entête et trépigne à tel point qu'il se réveille. Il regarde sa main vide et, tout triste, comprend son erreur. Alors, il se rallonge dans son lit en murmurant :

– OK, donne-moi les neuf pièces !

Les gens sont parfois tristes parce qu'ils n'acceptent pas les neuf pièces, ils en préféreraient toujours dix, c'est-à-dire ce qu'ils n'ont pas. La vie fait cadeau à chacun de ces neuf pièces d'or.

PAS SÉRIEUX DU TOUT

EN FAMILLE

Avant un repas, une réunion, une rencontre où les participants ne sont pas très détendus, on peut oser proposer un jeu collectif. La bonne humeur qui s'ensuivra peut changer du tout au tout le moment qu'on va vivre ensemble.

Le tapis volant

Grimper sur un tapis (bien solide) et, quand tout le monde a pris place, essayer de le retourner.

Les chaises musicales collectives

Jouer au jeu des chaises musicales classique, mais sans éliminer celui qui n'a pas pu s'asseoir. On se contente d'enlever une chaise à chaque tour, jusqu'à ce qu'il n'en reste plus qu'une. Prévoir des chaises solides.

Le ballon sauteur

Assis autour d'une table, ou au salon, faire voler un ballon de baudruche et se débrouiller pour qu'il ne tombe jamais par terre. Pour corser l'affaire, mettre en jeu un deuxième ballon.

3 idées piochées dans :
Jouons ensemble... autrement, Catherine Dumonteil-Kremer, La Plage éditeur, 2006.

Le 21 juin arrive la fête officielle de la Musique. Bien sûr, les musiciens jouent aussi toute l'année. La musique les accompagne dans la vie par des chemins variés. Parmi ces chemins, il y a ceux qui rassemblent, donnent le goût du partage et de l'amitié ou font voyager. Il y a aussi ceux qui élèvent l'âme et tissent des liens entre musique et spiritualité.

Ce soir, c'est concert !

À LA MAISON

Si une maison a la chance d'abriter en ses murs un ou plusieurs musiciens, elle peut organiser de temps en temps un petit concert.
Chez ceux qui ne se sont pas découvert de don musical, chacun proposera d'écouter pendant quelques minutes l'enregistrement d'un de ses morceaux préférés. Et, si on y prend goût, on peut inviter des voisins ou des amis, et découvrir ainsi leurs goûts musicaux !

À LA MAISON

CHUT, ON ÉCOUTE DE LA MUSIQUE SACRÉE

Depuis toujours, la musique est très intimement liée à la recherche de Dieu. Aujourd'hui, grâce à la technologie, elle n'est plus réservée à quelques-uns car elle peut entrer dans les maisons. Voici une sélection de chants sacrés, de styles différents, pour initier les jeunes oreilles à une intériorité venue de loin. Allons-y progressivement en choisissant par exemple un seul chant à écouter vraiment, dans un environnement approprié.

Divna, *Mystères byzantins*, Jade Universal. Née en 1970, Divna Ljubojevic découvre très jeune les chants liturgiques orthodoxes. Elle a choisi de consacrer sa vie à l'étude de cette musique sacrée qui vient de Serbie, de Bulgarie ou de Russie.

Moines de Keur Moussa, *À l'aube du jour*, KM. Ce sont des chants d'une double tradition grégorienne et africaine. Sur le site de l'abbaye, rubrique Musique, on trouve des infos sur la kora et le balafon, et plusieurs partitions qui peuvent facilement être chantées : http://www.abbaye-keur-moussa.org

Sœur Marie Keyrouz, *Psaumes pour le troisième millénaire*, Virgin Classics. « Avec ces psaumes, nous avons voulu que les frontières humaines et musicales s'effondrent, les tabous de l'interprétation de la musique orientale s'effacent et la rencontre tant attendue, entre les Hommes, s'installe par la Beauté du Sacré. » Beaucoup d'extraits peuvent être écoutés sur http://www.keyrouz.com

Instruments faits maison

AVEC LES MAINS

La musique est génialement douée pour faire partir instantanément en voyage. Voici quatre instruments à fabriquer avec des objets trouvés dans la maison. Ils sont inspirés d'instruments originaux qui proviennent des quatre coins du monde.

LES CLAQUETTES DU QUÉBEC

1 À l'aide d'une ficelle, fixez deux cuillères en bois sur un bouchon.

2 Appuyez au centre des cuillères pour créer le bruit.

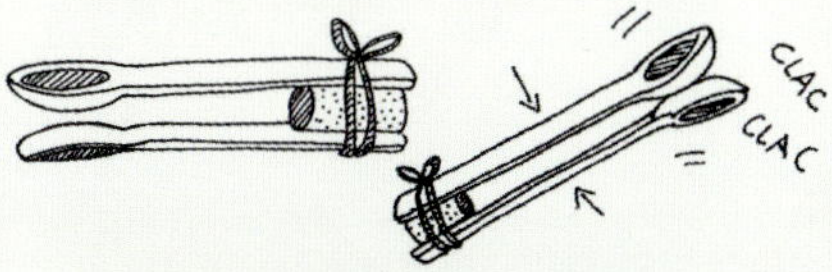

LE RACLOIR DE HAÏTI

Raclez un vieux couteau contre une râpe en métal à quatre faces.

LA CITHARE D'INDE

1 Retournez le couvercle d'une boîte à chaussures.

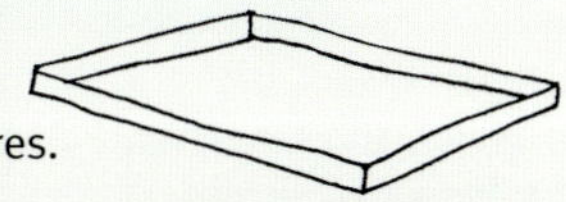

2 Percez le centre d'un gros trou rond (4 cm de diamètre environ). Sur les côtés, faites des petites entailles régulières.

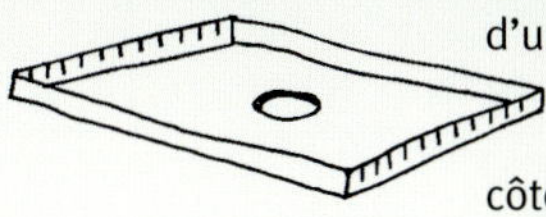

3 Glissez un fil élastique d'une fente à celle qui lui fait face.

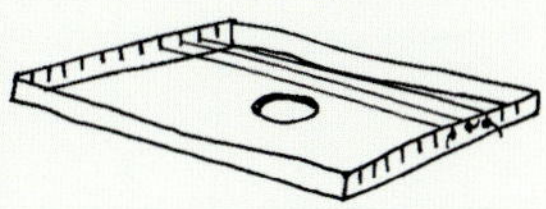

4 Nouez les fils de plus en plus tendus, pour créer une variété de sons.

LA DOUBLE CLOCHE DU GABON

1 Collez deux petits emballages de yaourt fond contre fond.

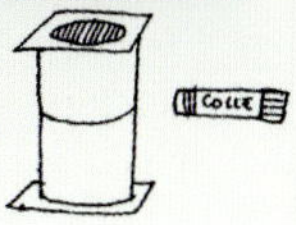

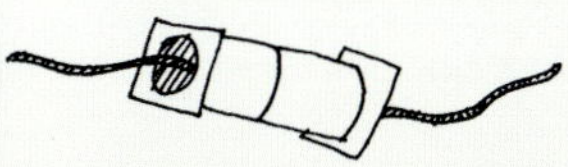

2 Percez les fonds et faites passer une ficelle.

3 Enfilez une perle de chaque côté et maintenez-la par un nœud.

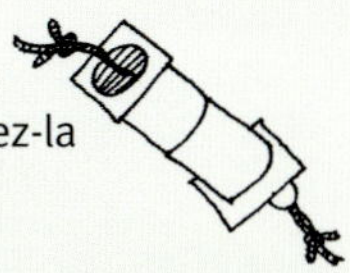

4 Décorez l'intrument en nouant des rubans colorés, et agitez en rythme !

Pour continuer le voyage en bricolant à la maison, on peut jouer avec le livre d'Agnès Chaumié, ***Musique à construire***, Enfance et Musique, 2007.

MAI
JUIN

Les beaux jours du printemps sont propices à organiser la fête des voisins. Partout, les gens aiment à se retrouver pour faire connaissance et partager un bon moment.

Un docteur de la Loi, voulant montrer à Jésus qu'il était un homme juste, dit à Jésus : « Et qui donc est mon prochain ? »

D'après Lc 10,29

Rendez-vous sur le web, http://www.immeublesenfete.com

COMMENT S'ORGANISER ?

Si on souhaite faire simple, il n'y aura pas forcément beaucoup de préparatifs. Toutefois, il est bon de se répartir la tâche. Deux ou trois voisins motivés peuvent être à l'initiative d'une très belle fête.

QUI ET COMMENT INVITER ?

Tous les voisins, bien sûr, des plus jeunes aux plus âgés, sans oublier les plus discrets ou isolés. Quand on habite un immeuble, on peut aussi penser aux personnes du syndic ou à l'organisme de gestion locative, ce qui permettra de glisser un peu de chaleur humaine entre deux quittances.

Rédiger une invitation avec le lieu, la date et l'heure, c'est mieux. On peut l'afficher, mais c'est plus sympathique et efficace d'aller la remettre en mains propres.

À QUEL ENDROIT FAIRE LA FÊTE ?

Dans la rue, le hall de l'immeuble, un jardin ou un garage. Les gens se sentiront plus à l'aise dans un lieu collectif que chez une personne particulière. Attention au bruit que peut générer la fête. Ce n'est pas le jour à se fâcher avec les voisins qui ne sont pas venus !

À BOIRE ET À MANGER

Chacun est invité à apporter quelque chose. Tout simple, cela suffit. Mais on appréciera aussi les cueillettes du potager, les spécialités culinaires qui permettent de découvrir l'histoire ou les goûts de chacun.

POUR MIEUX S'Y RETROUVER

Prévoir des étiquettes où chacun écrit son nom, une qu'on colle sur soi et une autre pour son gobelet.

Collecter sur une feuille les nom, adresse et téléphone de ceux qui souhaitent échanger leurs coordonnées.

ANIMATION

Prévoir quelques jeux, un quiz sur le quartier ou une tombola évitera que des personnes intimidées restent trop isolées. C'est bien mais ce n'est pas obligatoire, car la fête doit rester spontanée.

S'il y a des talents de musiciens (en général, on l'a repéré entre voisins), prévoir un intermède musical qui suscitera peut-être quelques pas de danse improvisés.

S'IL Y A DES RESTES ?

Le plus sympa est que chacun remporte un petit morceau cuisiné par son voisin. Mais, si les restes se conservent, on peut se retrouver à nouveau pour les partager.

JUILLET AOÛT

SOMMAIRE

Méditer – La mer	p. 135
Les trésors de la mer	p. 136
L'eau, tout un symbole	p. 138
Célébrer un baptême	p. 140
Là-haut sur la montagne	p. 142
La marche	p. 144
Cinq sens en éveil – En voyage	p. 146
Carnet de voyage	p. 148
Comment raconter la Bible ?	p. 150
Chasse au trésor	p. 152
Un moment dans la nature	p. 154
Méditer – Qui ne voit pas cela ?	p. 157
Dans la nuit d'été	p. 158
La bonté	p. 160
Se reposer	p. 162
À l'écoute de la Parole	p. 164
Semer l'écoute	p. 166
La prière de Jésus	p. 168
Célébrer un mariage	p. 170
Avec Marie	p. 172
Avec mon parrain et ma marraine	p. 174

JUILLET AOÛT

Le Seigneur demanda à Job :

« Qui a fermé la porte aux flots de l'océan,
Quand il naissait en jaillissant des profondeurs ?
Moi ! Et je l'ai alors habillé de nuages,
Quand je l'enveloppais dans un épais brouillard.
Je lui ai déclaré :
Tu iras jusqu'ici, n'avance pas plus loin ;
Oui, tes flots orgueilleux s'arrêteront ici ! »

Job 38,8-11

La mer

« Seigneur, fais que calmement je remplisse mes journées,
comme la mer lentement recouvre toute la grève ;
Fais que chacun de mes reculs soit occasion de montée.
Illumine ma vie comme les rayons de ton soleil font chanter la surface des eaux. »

Michel Quoist, *Prières*, Éditions de l'Atelier

Les activités de bord de mer sont nombreuses et plus agréables les unes que les autres. Mais certains trésors que réservent les vagues ne seront découverts qu'avec un peu de temps, de créativité ou de silence. La mer a un message à transmettre pour qui sait se mettre à son écoute.

Arriver tôt le matin ou revenir le soir…

EN PLEIN AIR

Le meilleur moment pour contempler la mer, c'est quand la plage est tranquille. Or, à moins de passer ses vacances sur l'île de Robinson, c'est rarement le cas dans la journée. Alors, de temps en temps, on peut prendre les horaires habituels à rebrousse-poil et se rendre au bord de l'eau à une heure inattendue, avant que tout le monde se lève ou pour un pique-nique du soir…

EN FAMILLE

DÉCOR EN SABLE

Quel que soit son âge, construire un château de sable est une activité incontournable sur la plage. Mais on peut varier les plaisirs en créant le décor d'une histoire à raconter. Alors les grains de sable, les coquillages et les bois polis par l'eau se transforment en une forêt, une montagne, une maison méditerranéenne, où prennent vie le Petit Chaperon rouge, la chèvre de Monsieur Seguin ou les invités du mariage de Cana…

À l'écoute de la mer…

MÉDITER

Dans la Bible, la présence de l'eau et de la mer a toujours un sens symbolique très fort (voir p. 138). Lire et méditer certains récits face à l'océan peuvent permettre d'en comprendre un peu mieux le sens :

- le déluge (Genèse 6 à 9),
- la traversée de la mer Rouge (Exode 12 à 15),
- Jonas englouti par un gros poisson (Jonas 1 à 4),
- la pêche miraculeuse (Matthieu 4, Marc 1, Luc 5 ou Jean 21),
- la tempête apaisée (Matthieu 8, Marc 4 ou Luc 8),
- la marche sur les eaux (Matthieu 14, Marc 6 ou Jean 6).

COQUILLAGES ET CRUSTACÉS

Le bord de mer renouvelle à chaque heure ses trésors. Si on trouve un coquillage avec un petit trou, en un clin d'œil, il peut se transformer en collier. La personne qui le portera pourra ainsi contempler toute l'année un petit chef-d'œuvre de la mer.

1. Passez le lacet dans le trou. Faire un nœud.

2. Nouez une extrémité du lacet autour de l'autre brin.

3. Nouez l'autre extrémité de la même façon.

Et aussi...

- Simplement regarder ce que la marée a dessiné sur le sable.
- Récolter quelques bonnes choses pour le dîner du soir.
- Commencer une collection de coquillages.

Photo de famille

Pour changer un peu, voici une idée pleine d'humour pour se prendre en photo sur la plage...

Idée lecture

Si loin du monde, de Raioaoa Tavae, Pocket, 2005. Voici l'histoire récente et vraie d'un pêcheur de Tahiti qui, victime d'une panne de bateau, va dériver en mer pendant 118 jours. Sans eau et sans nourriture, cet homme se retrouve seul aux prises avec l'océan. Il vivra durant toute cette traversée une aventure spirituelle et un bouleversant face-à-face avec lui-même.

Rien de plus banal qu'un verre d'eau. Et pourtant ! Cette eau est si vitale, si essentielle, que cela paraît impossible de lui manquer de respect. Elle est aussi un symbole très important pour toutes les cultures de l'humanité. Voici quelques clés pour, goutte à goutte, savourer son goût et sa valeur.

« Les paroles de la bouche d'un homme sont des eaux profondes : la source de la sagesse est un torrent qui jaillit. »

Pr 18, 4

L'eau, porteuse de messages

Impossible en quelques mots d'explorer la profondeur de ce symbole qu'est l'eau. Mais voici quelques pistes qu'on pourra relier à des situations quotidiennes :

- L'eau qui fait vivre : elle est la composante principale du corps humain, chaque verre d'eau bu donne la vie.
- L'eau qui purifie : sans elle, pas de douche, pas de lessive, pas de vaisselle.
- L'eau qui guérit : certaines sources ont des vertus curatives.
- L'eau qui fait mourir : c'est une force destructrice, les inondations et les tempêtes tuent chaque jour.
- L'eau qui fait renaître : la pluie arrose les graines et fait pousser les plantes.

COMPRENDRE

Derrière chacune de ces fonctions de l'eau, un sens spirituel est présent, qu'on retrouve dans la foi chrétienne au travers de la Bible, des rites et des sacrements.

Prier sous la douche

« Loué sois-tu, Seigneur, pour notre sœur l'Eau qui est si utile et si modeste, si précieuse et si pure*. »

* emprunté à saint François d'Assise

L'eau, tout un symbole L'eau, tout un symbole

LA PAROLE DE JÉSUS, UNE SACRÉE EAU DE VIE !

DIEU DANS MA VIE

« Tout homme qui boit de cette eau aura encore soif ; mais celui qui boira de l'eau que moi je lui donnerai n'aura plus jamais soif » (Jean 4,13-14). L'eau que Jésus propose ici à la Samaritaine est différente de l'eau matérielle. Elle vient étancher les soifs les plus profondes de la personne humaine, soif de vérité, d'amour, de connaissance, de liberté...

Pour boire petit à petit les paroles du Christ, on peut fabriquer une bouteille un peu spéciale :

1. Choisir dans les Évangiles (ou dans ce livre) sept paroles de Jésus qu'on souhaite méditer.

2. Les écrire sur sept bandes de papier.

3. Coller les bandes de papier autour d'une bouteille.

4. Remplir la bouteille d'eau.

5. Chaque jour, boire un peu d'eau : c'est essentiel pour vivre.

6. Chaque jour, méditer une Parole de Jésus : c'est essentiel pour vivre avec Dieu.

En passant par les contes

AVEC LES PETITS

Pour faire comprendre la force d'un symbole aux plus petits, les contes viennent à la rescousse, la poésie aussi. Ainsi, toutes les histoires où il est question de mer, de lac, de rivière, de source, mais aussi de puits, de fontaine, de lavoir, de pont... sont porteuses des sens symboliques de l'eau.
Un titre parmi beaucoup d'autres : « Le porteur d'eau », à retrouver dans les ***Contes philosophiques du monde entier***, de Jean-Claude Carrière, Éditions Plon, 2008.

« Les gens disent : « Vous êtes formidable, vous aimez tout le monde. » Mais ce n'est pas moi qui suis formidable, je bois à une source qui l'est, ça, oui ! Et cette source, j'y bois par la prière. »

Sœur Emmanuelle

Fête de famille par excellence, le baptême offre un rituel d'une grande richesse. Il résume avec des signes assez parlants toute la vie spirituelle qu'il est si difficile d'expliquer avec des mots.

Immersion TOTALE

COMPRENDRE

Pendant l'été, les occasions de se baigner ne manquent pas. On peut aussi nager sous l'eau, avec prudence bien sûr. Quand on y reste assez longtemps, que se passe-t-il à la remontée ? Les poumons se remplissent d'un air neuf, la respiration qui était bloquée reprend. À la naissance, c'est un peu la même chose, l'enfant quitte le ventre maternel, sort de l'eau, et ses poumons se remplissent d'air : il est né à la vie sur terre. C'est cette sortie de plongée que reprend le symbole du baptême : plongé dans l'eau qui symbolise ici la mort du Christ, l'homme en ressort différent : il est né à la vie en Dieu.

Et la profession de foi ?

Quand un enfant a été baptisé tout petit, ses parents ont proclamé leur foi « à sa place ». Quand il atteint l'âge de douze ans, on considère qu'il est en mesure d'assumer ce choix par lui-même. Il va donc témoigner de cette foi qu'il a choisie devant la communauté des chrétiens. C'est le sens de la profession de foi.

TÉMOIGNER DE SA FOI

EN FAMILLE

Dans la tradition juive, les enfants de douze ans font aussi leur profession de foi. Ce jour-là, ils doivent lire un extrait de la Torah (la Bible) et le commenter. À l'occasion d'une profession de foi chrétienne, on pourrait imaginer une adaptation familiale de ce rite. On demande au jeune, par exemple au cours du repas, de citer un passage de l'Évangile qu'il aime particulièrement et d'expliquer pourquoi. À son tour, il pourra proposer aux invités réunis autour de la table d'en faire autant. Préparez-vous peut-être à une discussion de haute volée entre la poire et le fromage...

Pour s'en souvenir

PENSER AUX AUTRES

Si on se sent impliqué dans le baptême d'un proche, alors cela vaut le coup de célébrer les anniversaires du baptême. Pour cela, on peut :

- Passer un petit coup de fil ou envoyer un e-mail
- Entrer dans une église, chercher le baptistère et se souvenir de ce baptême
- Constituer une crèche pour la vie en offrant un santon chaque année
- Trouver une autre idée rien qu'à soi…

Un peu de préparation

COMPRENDRE

Pour mieux comprendre ce qui va se passer pendant la célébration, on peut s'y préparer à l'avance en comprenant mieux le sens de certains gestes. Éléments de réponse à piocher dans ce livre :

Entrée dans l'église : p. 94
Écoute de la Parole de Dieu : p. 164
Imposition des mains : p. 98
Immersion dans l'eau : p. 140
Vêtement blanc : p. 74
Cierge allumé : p. 74
Prière du Notre-Père : p. 168

PYRAMIDES DE DRAGÉES

AVEC LES MAINS

Dans la Bible, l'amandier est un arbre sacré : parce qu'il fleurit avant tous les autres, il est le symbole du triomphe de la vie sur la mort. Son fruit est une amande blanche, bien cachée dans sa coquille dure : elle représente la présence divine qui habite le cœur profond de chaque homme. En langage géométrique, la pyramide unit le carré au triangle. Le jour de son baptême, le chrétien est appelé à entrer dans une vie nouvelle qui l'amènera, à partir de sa vie d'homme créé (symbole du carré), à grandir et à s'approcher toujours plus de Dieu (symbole du triangle), pour ne faire plus qu'un avec lui (sommet de la pyramide).

1 Reportez le patron sur un papier épais.

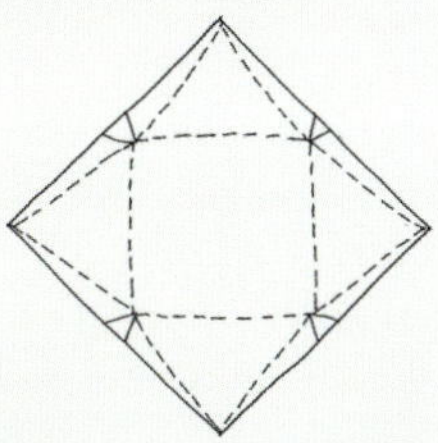

2 Découpez le long des traits pleins.

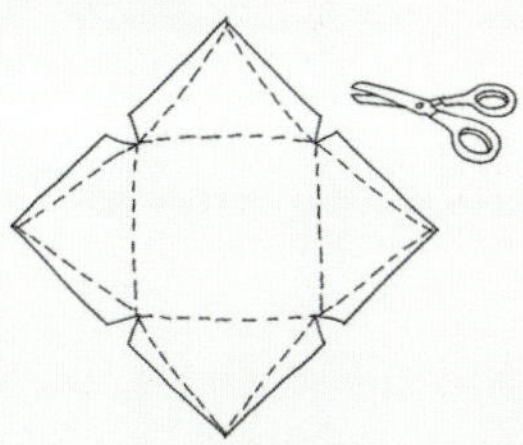

3 Perforez-le pour obtenir quatre trous.

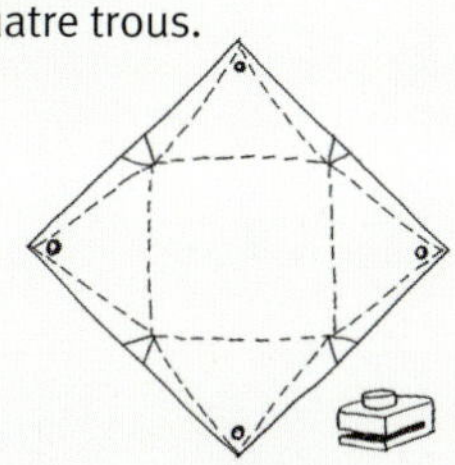

4 Pliez le long des pointillés.

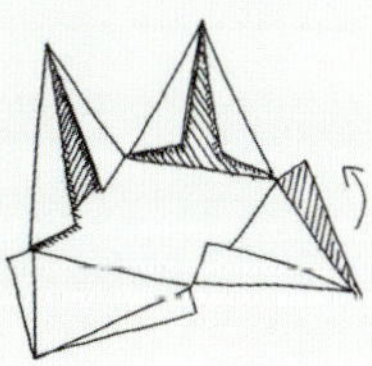

5 Refermez la boîte, remplissez-la de dragées et nouez avec un ruban.

La montagne est un lieu d'expériences inédites, intransportables ailleurs, qui transforment à coup sûr celui qui veut bien venir mettre un pied devant l'autre sur les chemins escarpés... et recommencer. Dans la Bible, la montagne est le lieu de rencontre privilégié avec Dieu. Invitation à faire quelques pas au détour des sentiers...

« Qu'ils sont beaux sur les montagnes, les pieds du messager qui annonce la paix. » Is 52,7

QUAND LES CONTRAIRES SE REJOIGNENT

MÉDITER

Entreprendre une traversée, atteindre un col, gravir un sommet nécessitent à la fois soif de grandeur et humilité. Sans la première, le projet de partir n'existe même pas ; sans la seconde, l'aventure tourne à l'échec. Marchant sur une ligne de crête, on vit en montagne la réconciliation de deux attitudes qui pourraient paraître contradictoires. Deux proverbes venus d'Orient le disent à leur manière :

« Qui veut gravir une montagne commence par le bas. »

« Quand tu arrives en haut de la montagne, continue de grimper. »

Des moments inoubliables

EN FAMILLE

Le passage du col

Au bord du torrent

La nuit en refuge

Le départ à la fraîche

L'arrivée au sommet

La descente

EFFORT ET PATIENCE, LES VERTUS DU MONTAGNARD

EN FAMILLE

Toi qui fonces tête baissée, en montagne, tu apprendras à ne pas partir trop vite.
Toi qui veux tout tout de suite, tu verras que le sommet sait se faire attendre.
Toi qui n'aimes pas rester sans rien faire, tu t'arrêteras régulièrement.
Toi qui n'aimes pas avoir chaud, tu te protégeras et courageusement avanceras.
Toi qui n'aimes pas avoir froid, tu te couvriras pour rester ami de la neige et du vent.
Toi qui manges et bois un peu n'importe comment, tu mesureras nourriture et boisson en fonction de ton effort.
Toi qui ne sais pas toujours ouvrir les yeux, quand tu arriveras en haut, tu verras tous tes efforts récompensés.

Une école de silence et de beauté

Dans la vie ordinaire, ces expériences sont quasi impossibles.
Des plus petits aux plus grands, nous sommes tous aptes à les savourer.

EN FAMILLE

- Écouter le silence
- Observer un animal sauvage avec des jumelles
- Découvrir une fleur poussée sur un rocher
- Faire la sieste sous un arbre
- Regarder les milliards d'étoiles
- À l'aube, voir le premier sommet éclairé par le soleil
- Croiser un troupeau en liberté
- Marcher au-dessus d'une mer de nuages
- Écouter le glouglou d'une source
- Entendre le cri d'une marmotte et la chercher des yeux

« En marche », dit Jésus à ceux qui sont venus l'écouter sur la montagne (Mt 5,1-12). C'est dans cette marche vers Dieu que se vit le bonheur d'exister. Mais au fait, au milieu de nos voitures, nos avions et nos fusées, sait-on encore marcher ?

« Seigneur, que je marche ou me repose, tu le vois, tous mes chemins te sont familiers. » Ps 138,3

POUR MOTIVER LES PLUS JEUNES

AVEC LES PETITS

- Marcher un moment au rythme des castagnettes (taper des cailloux et frapper dans les mains), et changer le rythme pour que ce soit plus rigolo.
- Chanter, inventer une chanson spéciale pour cette journée.
- Jouer au jeu « le premier qui voit... » un animal, un papillon, un fruit sauvage, un nid d'oiseau...
- Le plus jeune tient la carte et fait le guide : alors, tous les grands passent derrière pour un moment.
- On prend le droit de ramasser des petits trésors en chemin (ni trop lourds, ni trop longs à trouver...).
- On joue à mettre ses pieds dans les traces de son papa.
- Tout en marchant, on écoute une histoire extraordinaire racontée par sa maman.
- On sait que, dans sa poche, il y a une réserve secrète de graines à grignoter...

MIRACLE ! JE MARCHE !

COMPRENDRE

Le savez-vous ? Chaque pas que fait l'être humain active environ 600 muscles, quelques dizaines d'articulations, des centaines de tendons et de ligaments.

Départ en pèlerinage !

EN FAMILLE

Que ce soit sur le très célèbre chemin de Saint-Jacques-de-Compostelle ou sur d'autres sentiers plus secrets, vivre ensemble une marche itinérante s'avérera toujours une expérience très riche.

1 Choisissez une destination pour ce qu'elle représente pour vous (le village où papa et maman se sont mariés...), pour sa beauté (une péninsule en bord de mer, une chapelle dans la forêt...), parce qu'il s'y vit une belle expérience spirituelle (un monastère, un sanctuaire...).

2 Choisissez le point de départ en fonction du temps de marche et des forces de la petite troupe. Si vous faites un aller simple, prévoyez le moyen de retour (train, deuxième voiture...).

3 Choisissez un point de chute pour la nuit. En gîte ou sous la tente ? Certains logements en dur offrent souvent de belles rencontres : auberges de jeunesse, gîtes communaux, chambres chez l'habitant ou copains habitant la région traversée...

Pour ceux qui préfèrent la maison en toile, savoir que c'est un habitat très symbolique, image du peuple de Dieu, fragile mais toujours en marche, et de Dieu lui-même qui s'y repose (Exode 40,34).

BON À SAVOIR

Les lieux de pèlerinage font un accueil spécial aux familles. On peut se référer aux guides et aux sites Internet qui leur sont consacrés. Dans chaque diocèse, il existe aussi un service des pèlerinages...

Petits plaisirs de la marche

- observer ce qui nous entoure
- discuter deux par deux en changeant régulièrement de compagnon
- lire un passage de l'Évangile, puis marcher quelques minutes en silence

Et aussi : sentir le chemin sous ses pieds, arrêter de penser à plein de trucs, contempler ce qui défile sous ses yeux, repenser à un mot de l'Évangile, dialoguer tranquillement avec Dieu...

Vacances et voyages sont synonymes de découvertes, encore plus riches et nombreuses si tous les sens sont en éveil.

Toucher

AVEC LES MAINS

Matériel

- 1 boîte à chaussures
- 1 cutter
- Du ruban adhésif
- Des petites boîtes de tailles variées

1 Pendant votre voyage, récoltez des objets insolites amusants à toucher et chargés de souvenirs.

2 Récupérez une boîte avec couvercle de type boîte à chaussures. Coupez le couvercle dans le sens de la longueur.

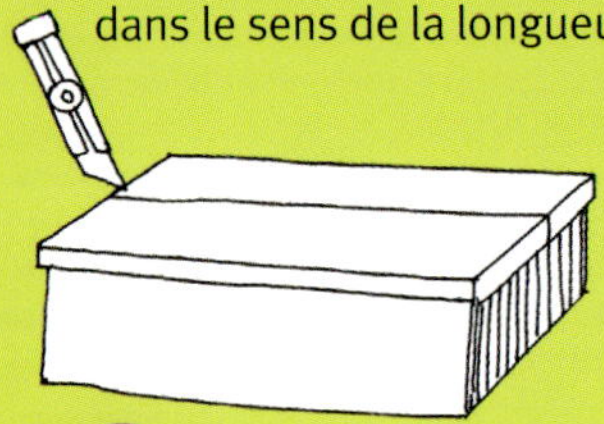

3 Fixez les deux parties du couvercle sur la partie basse de la boîte avec une bande de ruban adhésif posée de part et d'autre, dans le sens de la longueur.

4 Ouvrez la boîte et placez-y d'autres boîtes plus petites, des boîtes d'allumettes, des flacons...

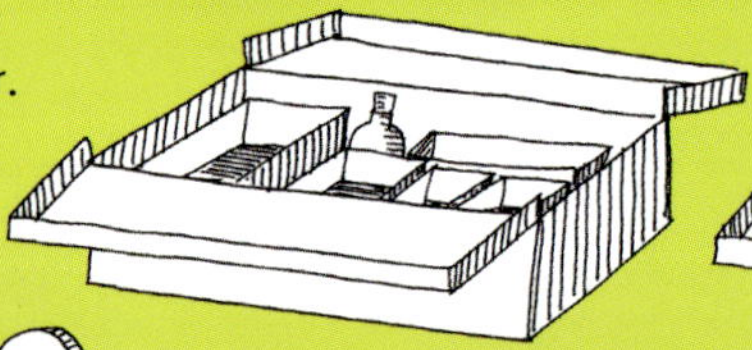

5 Il ne vous reste plus qu'à déposer vos objets dans votre nouveau coffre à trésors.

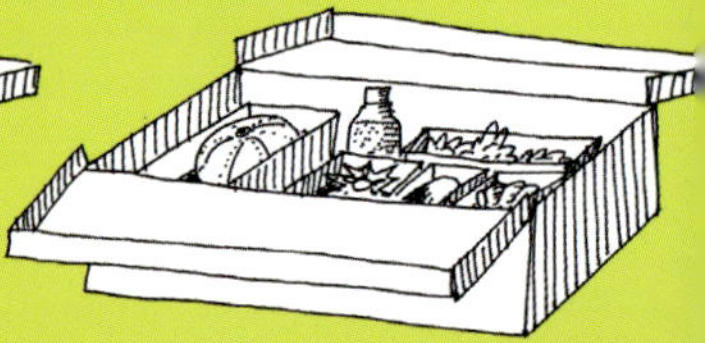

Sentir

EN PLEIN AIR

Quand on change d'horizon, on change aussi de climat et de végétation. Du coup, l'air qu'on respire n'a plus du tout le même parfum. Odeurs iodées de la mer, senteurs capiteuses des fleurs de montagne ou fumet des bestiaux de la campagne, ce serait dommage de passer à côté de tous ces arômes par manque d'attention. Ici, tout est à humer sur place et dans l'instant, car difficile à rapporter dans ses bagages...

ÉCOUTER EN CHANSON

Un voyage peut être l'occasion de découvrir la musique d'une région ou d'un pays. Avant de partir, faites un tour à la médiathèque pour constituer une réserve de CD, et sur place guettez les concerts spontanés ou non, donnés par les musiciens locaux.

GOÛTER EN FAMILLE

Mode d'emploi pour faire durer le plaisir des recettes de vacances :

1. Goûter un plat inconnu, et, en famille, deviner les ingrédients qui le composent.
2. Une vérification auprès du cuisinier peut s'avérer fort utile ! Prendre quelques notes.
3. Enquêter au besoin pour connaître le mode de fabrication et se procurer les bons ustensiles et les bonnes épices.
4. Une fois à la maison, essayer de refaire ce plat et, ce jour-là, se remémorer les bons souvenirs des vacances.

Voir

Nouveaux voisins, nouveaux copains et commerçants : en vacances, les êtres qui nous entourent ne sont plus les mêmes. Et puis il y a aussi les gens dont on croise la route quelques instants seulement, à la terrasse d'un café, au péage de l'autoroute, sur la plage... Il y a les gens du coin qui bouleversent leurs habitudes pour les vacanciers de passage. La liste peut être longue ! Qui se cache derrière ces visages inconnus ? Où habitent ces personnes toute l'année ? Leur vie est-elle très différente de celle de la famille ? Voilà un sujet d'enquête qu'on pourra enrichir d'un reportage photos (ou dessins) et qui promet bien des rencontres.

Réaliser un carnet de voyage, qu'on pourrait aussi appeler « carnet de vacances », ce n'est pas seulement créer un beau cahier de souvenir c'est surtout une invitation à rencontrer plus en profondeur le monde qui nous entoure. Ce carnet peut être personnel, mais ce peut être tout aussi riche de le créer en famille : chacun y apportera sa petite touche personnelle...

Le carnet de VOYAGE

EN FAMILLE

Voici quelques conseils pour un carnet familial :

- Désigner pour chaque voyage un membre de la famille responsable du carnet.
- Chaque jour, l'un des membres raconte les évènements marquants du séjour.
- Une règle d'or : chacun a le droit d'écrire, de coller ou de dessiner ce qu'il veut, en respectant un nombre de pages défini à l'avance.
- Tous les carnets de voyage peuvent constituer une jolie collection, à conserver dans une bibliothèque accessible à tous.

2 Observer

- Pendant tout le voyage, observer ce qui est intéressant, surprenant ou tout simplement beau.
- Prendre le temps, car c'est important.
- Échanger en famille ce que l'on aura envie de consigner dans le carnet.

1 Préparer son carnet

AVEC LES MAINS

1 Un carnet de croquis ou un simple cahier à dessin peut faire l'affaire. Les enfants pourront customiser la couverture. Idée : chacun choisit une ou deux cartes postales de l'endroit visité, puis on les colle en patchwork sur la couverture, que l'on recouvre d'un protège-cahier transparent.

2 On peut aussi fabriquer soi-même son carnet avec du papier à dessin. Là, c'est du « sur-mesure » : découper des papiers de taille identique. Former un petit tas et perforer sur la longueur. On relie ensuite les pages perforées avec des anneaux, un ruban ou de la ficelle.

3 Récolter

AVEC LES PETITS

- Récolter un objet, une plante, un caillou ou un ticket de bus. Tracer son contour, ou bien l'enduire de peinture et l'imprimer sur la feuille.
- Récolter un fruit et écraser sa pulpe pour en garder la couleur et l'odeur.
- Récolter des plantes qu'on fait sécher, mais aussi de la terre, du sable, des petites graines, une plume d'oiseau. Et les coller en créant une jolie composition.
- Récolter des documents, tickets, étiquettes, cartes postales, prospectus à découper et à coller.

4 Dessiner

- Dessiner ce qu'on voit devant soi, les gens, une maison, un paysage.
- Dessiner aussi ce qu'on ne voit pas mais qu'on a le droit d'inventer...
- Dessiner en décalquant une image.
- Relever le contour d'une ombre.
- Dessiner en frottant sur la feuille pour faire une empreinte.
- Et sortir les pinceaux et les crayons pour mettre tout en couleurs.

5 Photographier

- Et laisser un peu de place pour coller quelques photos au retour.
- Ou fouiner dans les magasins du coin pour trouver une jolie carte postale.
- Découper les belles photos des prospectus touristiques pour les coller dans le carnet.
- Inscrire les légendes des photos, créer des bulles humoristiques et des animations...

6 Raconter et partager

PENSER AUX AUTRES

- Ce qu'on voit, où on est, ce qu'on ressent.
- Demander à ceux que l'on rencontre d'écrire leur nom, un mot ou de dessiner un petit quelque chose.
- Partager ses découvertes en montrant son cahier aux personnes rencontrées pendant le voyage, à ceux qu'on retrouve au retour des vacances.

La Bible est le livre le plus vendu au monde. Mais est-il le plus lu ? Mystère… Pour découvrir le sens profond contenu dans cette « bibliothèque », il faut éviter de dire : « Ah oui, cette histoire-là, j'connais ! » Car les textes sacrés ont toujours quelque chose de neuf à faire entendre. On dit d'eux qu'ils sont une Parole vivante. Et on les laisserait rester lettre morte ?

LIRE, TOUT SIMPLEMENT

HiSTOiRE

Même si la Bible n'est pas un livre de contes, on pourrait, à force de lui donner un statut à part, finir par avoir peur d'y entrer. Si les chrétiens la fréquentent parfois d'une façon familière, cela s'apprend et peut passer par la lecture d'albums illustrés ou de textes un peu romancés. Il reste à choisir ce qu'il y a de meilleur parmi tout ce que l'édition propose.

Quelques coups de cœur

Un album à contempler et à écouter : *Raconte-moi la Bible*, Martine Laffon, Simon Kroug, textes lus par Jacques Gamblin, Bayard Éditions, 2009.
Un roman à dévorer : *Jésus comme un roman…* , Marie-Aude Murail, Bayard Éditions, 1997.
Une BD pour les petits : *L'Évangile en bandes dessinées*, Christine Ponsard et Jean-François Kiefer, Mame Edifa, 2002.
Et en quizz : *La Bonne nouvelle en 124 questions*, Véronique Westerloppe, CLD éditions.

AVEC LES PETITS

Raconter la Bible

1 Certains textes méritent d'être racontés comme une histoire. On peut évoquer les lieux, les bruits, les odeurs, le caractère de chaque personnage… Il est permis de broder, mais, avant tout, un bon conteur s'imprégnera personnellement du texte original.

Quelques pistes p. 164

UN GUIDE : Martine Millet, *L'art de conter la Bible*, Empreintes temps présent, 2006.

2 Les tout-petits accordent aux images une importance au moins aussi grande qu'au récit. Il est donc capital de bien les choisir : illustrations, photos, reproductions d'œuvres d'art…

3 Alors, quand tout le monde est assis en cercle sur des coussins, le récit peut commencer…

Vivre la Bible

EN PLEIN AIR

Les voyageurs en Terre sainte vivent une expérience très forte : celle d'entendre les récits des évènements de la Bible sur les lieux mêmes où ils ont été vécus. Mais, sans aller aussi loin, surtout pendant les vacances, on peut trouver des lieux où certains récits prendront un relief particulier.

DES MAINS QUI RACONTENT

AVEC LES MAINS

Avec les enfants, prenez le temps de créer les personnages sous forme de marionnettes à doigt. Puis chacun choisit un rôle, l'adulte raconte ou lit, et c'est parti pour un récit plein d'animation.

On peut raconter aussi :
avec des Playmobil (p. 76)
avec des masques (p. 100)

Le même conseil depuis 15 siècles…

« Lisez les textes sacrés à la maison ; quand les jours sont courts, profitez des longues soirées. Et ainsi vous pourrez amasser un froment spirituel dans le grenier de votre cœur et ranger dans le trésor de vos âmes les perles précieuses des Écritures. »

Saint Césaire d'Arles, moine du VIe siècle

« Là où est ton trésor, là aussi sera ton cœur. »
Mt 6, 21

À l'occasion d'une fête ou pendant les vacances, organiser une chasse au trésor laissera sans aucun doute des souvenirs impérissables. Cela demande un peu de préparation, mais, sous forme de jeu, on y vit des moments peut-être plus profonds qu'il n'y paraît. La vie ressemblerait-elle à un jeu de piste, avec ses rencontres, ses indices, ses fausses routes et ses trouvailles ?

« *Les yeux sont aveugles, il faut chercher avec le cœur.* »

Antoine de Saint-Exupéry, *Le Petit Prince*, Gallimard.

« *L'aventure, c'est le trésor qu'on découvre à chaque matin.* »

Jacques Brel, chanson *L'aventure*, 1958.

EN PLEIN AIR

FORMER LES ÉQUIPES

Les équipes peuvent se constituer au hasard ou par affinités, mais on peut aussi :

- **regrouper par ressemblances :** les filles, les papas, les cousins...
- **associer les différences :** adultes et enfants de différents âges.

C'EST COMME DANS LA VIE :
On n'est pas tout seul sur la route.

EN PISTE !

L'organisateur choisit une marche à suivre pour atteindre le trésor, par exemple :

- recomposer une phrase clé qui indiquera l'endroit convoité
- aller d'une étape à l'autre grâce à des messages jusqu'au but recherché
- rapporter un certain nombre de réponses ou d'objets avant d'accéder à l'indice final...

C'EST COMME DANS LA VIE :
On ne sait pas où on va mais on y va, et on grandit en confiance.

« *D'être content sans vouloir davantage, c'est un trésor qu'on ne peut estimer.* »

Clément Marot

LE SAC DE L'EXPLORATEUR

Il est remis au début du jeu et comprend tout ce qui est nécessaire : carnet, crayon, carte, bouteille d'eau, goûter... et le premier message.

C'EST COMME DANS LA VIE :

Pour partir à l'aventure, mieux vaut ne pas trop se charger ni partir les mains vides.

MESSAGES CODÉS

Pas de vraie chasse au trésor sans messages dissimulés ou remis par des personnes complices. Mais les missives ne se laisseront pas déchiffrer simplement. Utilisez pour les rédiger les rébus, alphabets codés, langage SMS et autres charades ou devinettes...

À chaque étape, il faudra chercher, observer, découvrir...

C'EST COMME DANS LA VIE :

Le sens de ce qui nous arrive n'est pas toujours évident . Il faut aussi apprendre à observer des consignes.

LE TRÉSOR

Il y a les trésors qui seront sans doute vite dévorés : goûter, bonbons...
Il y a aussi des trésors à partager : invitation à passer une journée dans un lieu fantastique, déguisements faits maison, boîte de jeux...
Pour parfaire la mise en scène, on pourra cacher le trésor dans un « vrai » coffre, fabriqué à partir d'une ou plusieurs boîtes en carton. Amusez-vous à cacher le trésor dans la plus petite des boîtes gigognes, façon « poupées russes ».

C'EST COMME DANS LA VIE :

Et si le bonheur était autant dans la recherche que dans ce qu'on réussit à trouver ?

Une mine d'idées pratiques sur le site :
http://organiser-anniversaire.fr,
mot clé : chasse au trésor.

La nature est comme un livre où l'on peut voir la présence de Dieu. Du cœur de la nature en fête s'élève une chanson : « Louez le Seigneur depuis la terre : toutes les collines, les arbres des vergers, tous les troupeaux, le reptile et l'oiseau qui vole, tous les jeunes gens et jeunes filles, les vieillards comme les enfants ! » (Ps 148). Voulez-vous chanter ?

MICROCOSMOS

AVEC LES PETITS

Il existe dans l'herbe des prairies tout un petit monde d'animaux et d'insectes. Quand on se munit d'une loupe, traverser un simple champ devient une véritable exploration. Les tout-petits s'amuseront à découvrir un trésor entre les brins : fourmi, sauterelle, bouton de fleur, œufs d'insectes... Après observation, on remettra bien les insectes capturés là où on les a trouvés, en s'excusant si on les a un peu troublés.

Et s'il pleut, en attendant de retourner s'allonger dehors, regarder le film *Microcosmos*, de Marie Pérennou et Claude Nuridsany.

« *Le grand livre de la nature demeure perpétuellement ouvert, à la disposition de tout homme de bonne volonté, sans aucune distinction de classe, d'âge, de fortune ou même de possibilités intellectuelles. Car il parle au moins autant aux sens qu'à l'esprit. Et tout être, même le plus simple, peut être touché et comblé par la beauté et la poésie du monde.* »

Samivel, *Cimes et merveilles*, Arthaud, 1952.

Poètes en herbe

HISTOIRE

Mode d'emploi pour inventer un poème :

1. Cueillir un mot comme libellule ou coquelicot.
2. En trois lignes, inventer un court poème, frais comme un haïku japonais :

   Vieille mare
   Une grenouille plonge
   Bruit de l'eau

Matsuo Bashô, XVIe siècle.

EN FAMILLE

Dans notre cabane

Recourir au symbole est un moyen privilégié pour exprimer des réalités invisibles qui dépassent nos mots. La cabane porte en elle quelque chose de symbolique. Même les adultes aiment en construire et s'y réfugier. En la fabriquant et en y vivant, on se sent au contact direct de la Terre, un peu fragile, tout petit dans la nature et le cosmos, mais aussi à l'abri, vivant de façon plus simple… et tout cela rapproche de l'essentiel.

La fête des Cabanes

En automne, il y a une fête juive très joyeuse appelée Soukkot, ou fête des Cabanes. Chaque famille construit une cabane en souvenir des habitations précaires où vécut le peuple d'Israël quand il traversa le désert, après être sorti d'Égypte. On y habite pendant les sept ou huit jours de la fête, signe de la confiance en Dieu et de l'indifférence au confort matériel.

EN PLEIN AIR

DEHORS TOUTE L'ANNÉE

Le bonheur de vivre au contact de la nature n'est pas réservé aux mois d'été. Dans le livre ***4 saisons d'activités nature en famille*** (F. Danks et J. Schofield, Nathan Jeunesse, 2006), on trouvera mille et une occasions de mettre le nez dehors et de se faire du bien.

PRIÈRE

Soeur notre mère la Terre…

« Loué sois-tu, mon Seigneur,
pour sœur notre mère la Terre,
qui nous soutient et nous nourrit,
et produit divers fruits avec les fleurs
aux mille couleurs et l'herbe. »
Saint François d'Assise

« Ô Seigneur notre Dieu, [...]
Jusqu'aux cieux
Ta splendeur est chantée
Par la bouche des enfants, des tout-petits. [...]
À voir ton ciel, ouvrage de tes doigts,
La lune et les étoiles que tu fixas,
Qu'est-ce que l'homme pour que tu penses à lui ? »

Ps 8,2-5

Qui ne voit pas cela ?

« Qui ne voit pas cela est aveugle.
Qui ne l'entend pas est sourd.
Et qui ne se met pas à prier
et louer l'Esprit créateur est muet. »

Saint Bonaventure

L'été offre des ciels fabuleux qu'on peut contempler d'autant plus facilement qu'on s'est éloigné de la ville et de ses lumières. Alors, vive la permission de minuit ! Et passons un peu de temps dehors avant d'aller nous coucher...

Marcher dans la nuit

AVEC LES PETITS

Brrr, le noir, c'est vraiment angoissant ! Mais, dans toute existence, il y aura du noir à traverser... Marcher à plusieurs dans la nuit avec un petit, c'est l'encourager à quitter ses craintes, profiter des mains qui sont là pour rassurer et finalement dépasser la peur et faire grandir la confiance.

PREMIER OU DERNIER QUARTIER DE LUNE ?

Coupez d'un trait vertical la lune en deux. Si un « p » se dessine, la Lune offre son premier quartier. Si c'est un « d », c'est le dernier.

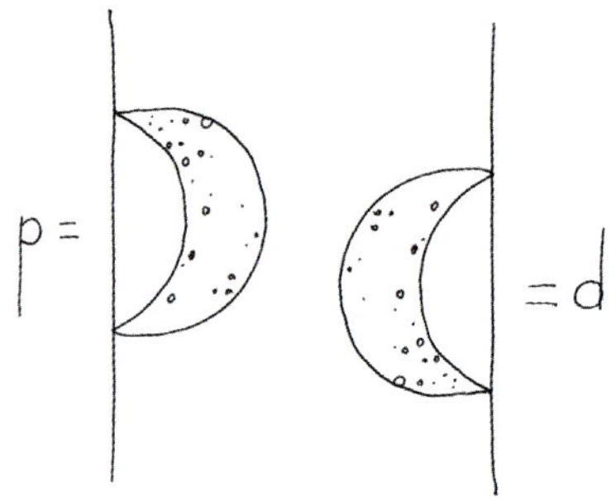

LES ÉTOILES BOUGENT-ELLES ?

COMPRENDRE

Non, elles sont fixes par rapport au Soleil. C'est la Terre qui tourne ! Seule l'étoile Polaire reste fixe à nos yeux, car elle se situe dans le prolongement de l'axe de rotation de notre planète. Pour les petits curieux, plein d'autres questions et réponses sur le site : www.etoile-des-enfants.ch

Quelques distances en « temps-lumière »

Savez-vous combien de temps met la lumière d'un astre pour parvenir jusqu'à nous ?

COMPRENDRE

La Lune : 1 seconde
Le Soleil : 8 minutes
Saturne : 1 heure
Les étoiles les plus proches : quelques années
La vitesse de la lumière : 299 792 458 mètres par seconde

Des noms qui font rêver...

Vega, Altaïr, Castor, Beltégeuse, Régulus, Soleil, Aldébaran, Pollux, Capella...

Contemplation de nuit

EN FAMILLE

1. Choisissez un lieu à l'abri de toute lumière.
2. Étalez plusieurs couvertures sur le sol, l'idéal étant des couvertures de survie pour rester à l'abri de l'humidité.
3. Allongez-vous et couvrez-vous de plusieurs épaisseurs.
4. Sortez les jumelles (ou pas) et amusez-vous à reconnaître quelques constellations, et puis restez silencieux devant l'immensité. Qui verra une étoile filante ?

Idées +

- Pour préparer cette veillée nocturne avec des enfants, recherchez une carte du ciel et dessinez les principales constellations sur des petites cartes. Le jeu consistera ensuite à les retrouver dans le ciel...
- Une fois confortablement allongés, prenez un point de repère sur la terre. Observez les étoiles situées juste à côté et vous les verrez défiler au fil des minutes.

Brille, brille, petite étoile !
Dis-moi, dis-moi qui tu es.
Tout en haut du firmament
Tu as l'éclat d'un diamant.
Brille, brille, petite étoile !
Dis-moi, dis-moi qui tu es.

Le Soleil a rendez-vous avec la Lune...

MÉDITER

On dit que tout homme qui vit dans la lumière de Dieu devient resplendissant. C'est un peu comme la Lune, qui brille parce qu'elle reçoit les rayons du Soleil.

« Sur nous, Seigneur, que s'illumine ton visage. »

Ps 4,7 écrit par un homme qui regardait souvent la lune...

À la fois discrète et essentielle, fragile et puissante, la bonté est décrite par saint Paul comme un des fruits de l'Esprit Saint (Ga 5,22). Impossible à produire par de savants calculs, elle ressemblerait plutôt à une graine semée dans chaque cœur qui bat. Une graine à laisser germer, grandir et fleurir.

CHARITÉ BIEN ORDONNÉE...

MÉDITER

... commence par soi-même, dit le proverbe. Eh oui, rien n'interdit de cultiver la bonté envers soi-même plutôt que de se donner des coups de marteau ! Quand le moral est bas, quand on a honte de s'être trompé, ou quand on se sent submergé par les soucis, on peut simplement se donner un sourire, le même qu'on offrirait à quelqu'un qu'on aime bien et qu'on voudrait réconforter. Serait-ce égoïste de penser à soi ? Non, au contraire si cela peut aider à sortir de sa coquille.

UN POUVOIR COMPLÈTEMENT DIFFÉRENT

EN FAMILLE

La bonté se situe aux antipodes de la violence. Elle peut paraître bien faible de prime abord, mais elle a un pouvoir très réel, même s'il n'est pas visible immédiatement.
Pour s'encourager à préférer toujours ce chemin exigeant, on peut rester attentif aux gestes de bonté échangés, les repérer et souligner leurs conséquences, que ce soit au sein de la famille, dans le quartier, ou dans ce qui se passe dans le monde...

« Aussi radical que soit le mal, il n'est pas aussi profond que la bonté. Et si la religion, les religions, ont un sens, c'est de libérer le fonds de bonté des hommes, d'aller le chercher là où il est complètement enfoui. »
Paul Ricœur, entretien à Taizé en 2000.

Des cartes qui disent du bien

PENSER AUX AUTRES

On épingle facilement les défauts des autres, mais on a peu l'habitude d'énumérer leurs qualités. Voici une idée à réaliser avec des grands et des adultes, à l'occasion d'une fête de famille.

1. Prévoyez une carte pour chacun des convives.
2. Écrivez sur chaque carte une des qualités de la personne à qui la carte est destinée.
3. Puis les cartes circulent, chaque personne complète les cartes en inscrivant de nouvelles qualités.
4. À la fin, chaque participant reçoit sa carte et découvre, peut-être avec surprise, quelles sont les qualités que les autres lui trouvent.

À la source de toute bonté

PRIÈRE

« Le Seigneur est compatissant et bienveillant,
Patient et d'une immense bonté.
Il ne fait pas de reproches,
Il ne garde pas éternellement rancune.
Sa bonté pour ses fidèles monte aussi haut
que le ciel au-dessus de la terre. »
Ps 103(102), 8-9,11

AVEC LES PETITS

À votre bon coeur !

Penser et parler avec bonté amènent à agir spontanément de la même façon. Cependant, il est quelquefois nécessaire de provoquer un peu cette « spontanéité ». Il y a des maisons où on invente des petits jeux comme piocher un nom et choisir en secret un geste généreux à réaliser pour celui dont on a tiré le nom.

BONTÉ DIVINE !

MÉDITER

Quand Jésus parle de la bonté de Dieu, ça va loin, vraiment loin, car Dieu donne sans distinction. Et chacun est invité à faire de même : « Aimez vos ennemis et priez pour ceux qui vous persécutent, afin d'être vraiment les fils de votre Père qui est dans les cieux ; car il a fait lever son soleil sur les méchants et sur les bons, et tomber la pluie sur les justes et les injustes. »
Mt 5,44-45
Lao-Tseu, philosophe chinois du IVe s. av. J. C., le disait à sa façon : « Rendre le bien pour le bien et le bien pour le mal, c'est la bonté efficace. »

Vivre n'est pas toujours de tout repos. Le chemin de la vie chrétienne n'est pas non plus un long fleuve tranquille, c'est même souvent le contraire. C'est peut-être pour cela que Jésus, dans son expérience d'homme, a pris souvent le temps de se mettre à l'écart et invite ses disciples à faire de même.

« Venez à l'écart dans un endroit désert, et reposez-vous un peu. » Mc 6, 31

PRIÈRE

Respiration et prière

Au carmel, les religieuses apprennent à respirer avant de se mettre en présence de Dieu. Ce qui est important pour se préparer :

- être attentif à la position de son corps et trouver celle qui permet de rester immobile ;
- respirer par le ventre, centre de gravité du corps ;
- expirer longuement et profondément.

Plus de détails sur le site : http://www.carmel.asso.fr (rubrique Prière).

VIVE la sieste !

EN FAMILLE

Les bienfaits de la sieste sont innombrables. Pourquoi ne pas profiter des vacances pour en expérimenter quelques-uns ? On dit que ce petit temps de repos est la source de plus de santé, de créativité et même de spiritualité.

Quelques conseils pour s'endormir...

1 – Choisir une position confortable
2 – Respirer de plus en plus lentement
3 – Détendre tous ses muscles, vérifier en faisant un petit voyage à l'intérieur de son corps.

... et pour se réveiller

1 – Bouger un orteil, puis tous les autres doigts
2 – Étirer les bras et les jambes
3 – Regarder autour de soi et se lever tranquillement.

Un petit exercice pour bien respirer

On s'en sert pour se détendre, se reposer, prendre des forces avant d'accomplir quelque chose de difficile. Assis : poser sa main sur le haut du ventre et sentir ce qui se passe. En inspirant, le ventre se gonfle et pousse la main ; en expirant, le ventre se creuse et la main recule.

TOUT AU LONG DE LA JOURNÉE

MÉDITER

On s'étonne parfois d'être stressé, crevé, pompé... Le fait d'être physiquement quelque part mais ailleurs dans sa tête, déjà projeté dans le futur ou absorbé par le souvenir du passé, est réellement très fatigant. On perd ainsi une énergie considérable. Pourtant, il est possible de se poser dans l'instant, en étant complètement présent à ce que l'on fait au moment où on le fait. C'est ce qui se passe, par exemple, pour un enfant tout absorbé dans son jeu. Essayer de vivre chaque moment ainsi, ce n'est pas facile, mais très efficace pour celui qui cherche à vivre un peu plus détendu.

À L'ÉCART, AU CREUX DE LA NATURE

EN PLEIN AIR

Profitons de l'été pour trouver des coins tranquilles dehors, car, à cette saison, la nature tout entière invite à se reposer dans ses bras. Où que nous soyons, elle nous réserve quelques cachettes :

- S'allonger sous un arbre et regarder la danse des feuilles dans le soleil
- **S'asseoir sur la dune et écouter le roulement des vagues**
- Marcher tranquillement dans le sable et sentir ses pieds s'enfoncer
- *Sortir après la pluie et respirer les parfums du jardin...*

Un jour consacré au repos

DIEU DANS MA VIE

Le dimanche, jour de prédilection pour se reposer, tire son origine du Shabbat. Depuis toujours, la tradition juive invite l'homme à se reposer ce jour-là, rappelant ainsi le septième jour de la Création, où Dieu lui-même se reposa. Aujourd'hui encore, les principes de ce repos semblent bien utiles : « La semaine, l'homme investit sa relation aux objets, alors que durant le Shabbat il investit la relation à l'autre. Le Shabbat est consacré au repos mais aussi à l'étude, au dialogue, à la promenade, à la visite d'amis... En termes plus philosophiques mais simples, l'éloignement, la mise à distance des objets permet la mise en valeur du sujet, c'est-à-dire de l'homme qui se retrouve face à lui-même et à ses proches. » Marc-Alain Ouaknin, ***Les symboles du judaïsme***, Éditions Assouline, 1999.

Comme dans la tradition juive, l'écoute de la Parole de Dieu est essentielle chez les chrétiens. Jésus déclare que Dieu vient habiter chez celui qui l'écoute ! Les textes de la Bible seraient donc comme un trousseau de clés qui permettent d'ouvrir sa vie à la présence de Dieu. Voyons un peu comment utiliser ce trousseau…

TOUS CONCERNÉS

Dieu dans ma vie

Si, pendant longtemps, méditer la Bible a été réservé aux moines, l'invitation de Jésus est bien destinée à nous tous. Oui, mais comment est-ce possible pour les membres d'une famille ? Plusieurs questions peuvent se poser :

Où s'installer ?

Dans un coin tranquille de la maison, où l'on se sent bien pour prier. Ce n'est pas forcément le même pour tout le monde. Quelques indications p. 58.

J'ai pas trop l'temps !

Prendre rendez-vous, comme on fait pour le boulot ou le médecin.

C'est décidé, je commence !

Il y a des moments privilégiés, comme les vacances, pour trouver la disponibilité nécessaire. Et aussi les temps de l'Avent et du Carême, pendant lesquels la motivation est plus forte.

Mince, j'ai encore oublié !

Choisir un rappel régulier. Par exemple, recevoir chaque matin l'Évangile de la messe du jour. Rendez-vous sur www.levangileauquotidien.org,

J'comprends un peu mais pas tout !

Prendre un guide compétent, tout en se disant que même lui ne comprendra jamais tout. Pour méditer les lectures du dimanche, on peut plonger dans ***L'intelligence des Écritures***, Marie-Noëlle Thabut, Socéval Éditions.

J'me sens un peu seul…

C'est plus facile de commencer l'expérience à plusieurs. Il y a des personnes qui se retrouvent régulièrement pour un partage d'Évangile, d'autres s'exercent à l'aide de traditions particulières, celle des *Exercices* de saint Ignace par exemple. D'autres encore partent quelques jours s'initier dans un monastère. Puis petit à petit, pour chacun, la rencontre avec Dieu dans sa Parole devient régulière, unique et personnelle.

Au fait, à quoi ça sert ?

Lire ce qu'en dit Enzo Bianchi, dans son livre ***Écouter la Parole, les enjeux de la lectio divina***, Éditions Lessius, 2006. Ou ***Nourris-toi de la Parole, une invitation à la lectio divina quotidienne***, Père Christophe de Dreuille, Éditions Parole et Silence, 2009.

Lectio divina

COMPRENDRE

« Si quelqu'un m'aime, il restera fidèle à ma Parole : mon Père l'aimera, nous viendrons chez lui, nous irons demeurer auprès de lui. » *Jn 14,23*

Voilà une méthode de lecture et d'écoute qui a fait ses preuves. Elle aurait été mise au point par Origène au IIIe siècle. Elle comporte quatre niveaux : lecture, méditation, prière et contemplation. Pour mieux comprendre, comparons la personne qui pratique cette « lecture divine » à un arbre :

1 Pour commencer, la lecture simple du texte mobilise son écorce, son intelligence.

2 La méditation, c'est-à-dire la compréhension du message de ce texte, agit au niveau de l'aubier, plus en profondeur.

3 Puis la prière atteint le cœur de l'arbre : c'est le moment du dialogue, du cœur à cœur de l'homme avec Dieu.

4 Enfin, entrant en contemplation, l'homme est touché par la présence divine qui, comme la sève de l'arbre, l'investit tout entier.

Ce qu'ils en pensent

MÉDITER

« De même que la pluie et la neige descendent des cieux et n'y retournent pas sans avoir arrosé la terre, sans l'avoir fécondée et l'avoir fait germer pour fournir la semence au semeur et le pain à manger, ainsi en est-il de la Parole qui sort de ma bouche, elle ne revient pas vers moi sans effet, sans avoir accompli ce que j'ai voulu et réalisé l'objet de sa mission. »
Isaïe 55,10-11

« Les paroles intelligibles de Dieu sont comparées à l'eau, comme au lait, au vin et au miel, car ces paroles ont le pouvoir de donner la vie comme l'eau, de favoriser la croissance comme le lait, de faire revivre comme le vin, de purifier et de conserver comme le miel. Tels sont en effet les dons que dispense la divine Sagesse à ceux qui s'approchent d'elle sans convoitise. » ***Pseudo-Denys l'Aréopagite, moine syrien du Ve siècle***

À la suite des prophètes de la Bible, Jésus invite les hommes à écouter. Et il voit bien qu'ils ne sont pas très doués… Alors, il les encourage sans cesse. Car savoir écouter, c'est comme un chemin qui permet d'entrer dans la vie de Dieu.

« Tendez l'oreille, venez vers moi, écoutez et vous vivrez. » Is 55,3

« Mes brebis écoutent ma voix. » Jn 10,27

« Faites attention à la manière dont vous écoutez. » Lc 8,18

« Si je leur parle en paraboles, c'est parce qu'ils regardent sans regarder, qu'ils écoutent sans écouter et sans comprendre. » Mt 13,13

La puissance de l'écoute

COMPRENDRE

Sur le plan psychologique, l'écoute est une attitude qui permet de faire évoluer bien des situations. On peut dire qu'écouter, c'est un peu donner la vie, car, quand on est écouté, on se sent exister. L'écoute est l'outil de base du psychologue. Jacques Salomé, qui a beaucoup travaillé sur la communication familiale, propose de se pencher sur ce qui sape nos relations et ce qui les fait grandir. Voici deux titres parmi ses livres qui donnent des règles simples pour se mettre à cultiver ce terrain-là : ***Papa, Maman, écoutez-moi vraiment***, J'ai Lu, 2004 et ***T'es toi quand tu parles***, Pocket, 2005.

Sh'ma

PRIÈRE

« Écoute, Israël : le Seigneur notre Dieu est l'Unique.
Tu aimeras le Seigneur ton Dieu de tout ton cœur, de toute ton âme et de toute ta force.
Ces commandements que je te donne aujourd'hui resteront dans ton cœur.
Tu les rediras à tes fils, tu les répéteras sans cesse, à la maison ou en voyage, que tu sois couché ou que tu sois levé. »
Deutéronome 6, 4-7

Le premier verset de ce texte est la profession de foi traditionnelle des croyants juifs, appelée par son premier mot en hébreu *Sh'ma* : « Écoute ».

Une parabole pour comprendre

EN FAMILLE

Dans son histoire du semeur (Matthieu 13, 1-9. 18-23), Jésus montre qu'on est loin de vraiment comprendre tout ce que l'on entend. Avec les enfants, ce peut être rigolo et instructif de jouer en « vrai » cette histoire, soit pendant une balade, soit en recréant le décor. Tracez un chemin dans un peu de terre, créez une zone de cailloux et plantez quelques ronces. Distribuez les graines, « semez » en lisant la parabole et retrouvez là où l'homme :

- Entend sans comprendre.
- Entend de façon superficielle, sans tenir compte de ce qui est dit.
- Entend et se laisse étouffer ou séduire par quelque chose de contraire, ne donne pas de fruit.
- Entend et comprend, porte du fruit.

Petit entraînement perso

MÉDITER

1. Je prête l'oreille quelques minutes.
2. Quels bruits j'entends autour de moi ? Les lointains, les proches. Les bruits forts, puis d'autres sons plus faibles.
3. Petit à petit, entendre devient écouter.

À table, on s'écoute

EN FAMILLE

Le moment du repas regroupe les membres de la famille pour un bon moment passé ensemble. Mais, ô surprise ! c'est parfois le lieu où la communication peut s'avérer vraiment difficile. Connaissez-vous le dialogue impersonnel à la « passe-moi le sel », ou bien l'interruption garantie toutes les trois secondes et pas plus d'une phrase par personne, ou encore le concours pour prouver qu'on a toujours raison ?

Voici quelques balises pour essayer autre chose :

- Laisser de côté les distractions comme la télé, le courrier qui vient d'arriver, les jouets.
- Repérer les terrains de disputes et reporter à un autre lieu les sujets qui fâchent.
- Être attentif à la communication non verbale : regards, sourires, gestes, positions de chacun autour de la table.
- Encourager chacun à bien s'exprimer, à raconter, expliquer.
- Ne s'autoriser que les remarques nécessaires, pas plus.

Cette prière, on ne sait plus ni où ni comment on l'a apprise. Petit à petit, ces mots se sont gravés et on ne les oubliera plus jamais. Ils sont tellement connus qu'on se surprend à les réciter distraitement, sans même y penser. Et pourtant ce sont les mots du Christ, ceux qu'il a confiés aux hommes pour leur apprendre à prier.

Quand Jésus priait

« Un jour, quelque part Jésus priait. Quand il eut terminé, un de ses disciples lui demanda :
– Seigneur, apprends-nous à prier.
Il leur répondit :
– Quand vous priez, dites :
Père, que ton nom soit sanctifié,
Que ton règne vienne.
Donne-nous le pain dont nous avons besoin chaque jour.
Pardonne-nous nos péchés,
Car nous-mêmes nous pardonnons
à tous ceux qui ont des torts envers nous.
Et ne nous soumets pas à la tentation. »
D'après Luc 11,1-4

MÉDITER

Le Père d'une très grande famille

Dès qu'on a dit les deux premiers mots, « Notre Père », on comprend qu'on n'a pas seulement les frères et les sœurs de sa fratrie, mais des milliers et des milliers que sont tous les hommes de la terre, ceux qui ont vécu avant nous et ceux qui viendront après. Si on prend cela au sérieux, cela change forcément le regard porté sur les autres.

Juste pour voir, voici un petit test : se répéter « Notre Père » tout en marchant dans la rue et regarder les gens croisés au hasard du chemin.

JOINDRE LE GESTE À LA PAROLE

AVEC LES PETITS

Parce que les gestes aident à comprendre et à mémoriser, parce qu'ils permettent quelquefois d'exprimer l'essentiel mieux que des mots, on prie souvent avec tout son corps.

Notre Père qui es aux cieux

Que ton nom soit sanctifié

Que ton règne vienne

Que ta volonté soit faite

Sur la terre comme au ciel

Donne-nous aujourd'hui notre pain de ce jour

Pardonne-nous nos offenses

Comme nous pardonnons aussi à ceux qui nous ont offensés

Et ne nous soumets pas à la tentation

Mais délivre-nous du mal. Amen

Dans toutes les langues

EN CHANSON

En faisant une petite recherche sur Internet, on peut entendre la prière de Jésus podcastée dans de nombreuses langues. Écoutez par exemple sur le site de la paroisse de Saint-Genis-Laval : www.paroissesaintgenislaval.org

Pour éviter la routine

« Dire une demande du Notre-Père, une seule, une seule fois. »

Maurice Bellet

Pour les chrétiens, le mariage entre un homme et une femme a un sens symbolique très fort : il est le signe visible de l'amour du Christ pour l'Église des hommes. Si un mariage se profile, rien n'interdit d'allier la joie des préparatifs avec une meilleure compréhension du sens profond de ce sacrement.

Parlez-moi d'amour...

MÉDITER

S'il est un passage du Nouveau Testament qu'on entend souvent le jour d'un mariage, c'est bien celui-là ! On l'a surnommé « l'hymne à l'amour ». S'il est un texte qui nécessite toute une vie pour le mettre en pratique, c'est bien celui-là aussi ! Et, s'il existe un bon terrain pour le vivre, c'est bien la famille ! Écoutez plutôt :

« L'amour prend patience,
l'amour rend service,
l'amour ne jalouse pas,
il ne se vante pas,
ne se gonfle pas d'orgueil,
il ne fait rien de malhonnête,
il ne cherche pas son intérêt,
il ne s'emporte pas,
il n'entretient pas de rancune,
il ne se réjouit pas de ce qui est mal
mais il trouve la joie dans ce qui est vrai,
il supporte tout,
il fait confiance en tout,
il espère tout, il endure tout.
L'amour ne passera jamais. »

1re lettre aux Corinthiens 13,4-8

En changeant un mot
Remplacez dans ce texte le mot « amour » par « Dieu ».

Travaux pratiques

Choisissez un verset de ce texte et trouvez quelques exemples à appliquer concrètement à la maison.

EN FAMILLE

Engagez-vous !

S'engager dans la durée, aïe ! aïe ! aïe ! ce n'est pas très tendance. Pourtant, la fidélité est le fil rouge du mariage, même si par moments elle est malmenée. C'est difficile ? Alors, on peut s'y exercer tous les jours. Les enfants expérimentent au quotidien l'engagement : rendre un service régulièrement, s'inscrire à une activité et s'y tenir toute l'année, faire sa promesse scoute… Et les adultes aident les enfants à tenir bon et les éduquent par leur exemple, que ce soit quand ils tiennent leur parole ou quand ils sont défaillants. Chacun apprendra peu à peu comment, agir quand un engagement est ou n'est pas respecté.

QUAND L'ENGAGEMENT CASSE…

MÉDITER

Le divorce touche beaucoup de familles, et le sens que donne l'Église catholique au caractère indissoluble du mariage est souvent source d'incompréhension et de prise de distance. Mais la foi ne s'arrête pas là. Cette expérience difficile et douloureuse pour toutes les familles est aussi un terrain où chacun peut apprendre à ne pas juger de façon péremptoire, à mieux aimer et à pardonner avec le temps.

AVEC LES MAINS

Que la fête soit belle !

En Inde du Sud, les femmes ont l'habitude de décorer le sol de leur maison avec des motifs géométriques dessinés à la poudre blanche. Les jours de fête, ces dessins appelés « Kolam » débordent jusque dans la rue. Sur ce principe et en s'entraînant un peu, on arrive à créer de magnifiques dessins éphémères qui viennent embellir les lieux de la fête.

ASTUCE

S'exercer un peu pour du beurre et ce n'est pas grave si on se trompe.

1 Fabrication de la poudre : mélangez 1/3 de sel fin et 2/3 de farine.

2 Pour tracer : en position debout ou accroupi, prenez un peu de poudre entre le pouce et l'index, et laissez-la retomber en faisant glisser les deux doigts l'un contre l'autre. Ce geste ressemble, au ralenti, à celui que l'on fait quand on claque des doigts. Déplacez la main à quelques centimètres du sol pour dessiner un motif.

Voici quelques motifs possibles :

JUILLET AOÛT

Les Évangiles disent très peu de chose sur la Vierge Marie. Pourtant, Marie a une place importante dans le cœur de beaucoup de croyants. La grandeur de sa vie tiendrait-elle en trois mots : confiance, simplicité, humilité ?

DÉCOUVRIR LES LIEUX DÉDIÉS À MARIE

EN FAMILLE

Si on passe ses vacances dans un lieu de tradition chrétienne, il y a fort à parier qu'il se trouve dans le voisinage de sanctuaires dédiés à la Vierge Marie. Simple chapelle de montagne, église remarquable, oratoire niché dans le mur d'une maison ou lieu de pèlerinage, la recherche de ces sanctuaires peut se transformer en enquête pleine de richesses, en particulier à l'approche du 15 août, fête de l'Assomption de Marie.

Un oratoire dans le jardin

EN PLEIN AIR

En été, on passe beaucoup de temps dehors. Les vacances sont aussi l'occasion de prier un peu différemment et plus souvent. Alors, pourquoi ne pas construire un petit oratoire à l'extérieur et en faire un lieu de rendez-vous...

1 Rassemblez quelques belles pierres.

2 Créez une voûte avec des branches.

3 Installez une statuette de Marie ou une belle image protégée de la pluie.

4 Disposez des fleurs au creux des pierres.

Marie, toi qui as dit OUI

MÉDITER

La vie de Marie donne l'exemple d'une confiance absolue en Dieu. Elle a répondu oui à l'annonce de l'ange Gabriel, malgré toutes les incertitudes à l'horizon. Dire un vrai oui implique toujours la possibilité de refuser. D'ailleurs, parfois, il est très important de savoir se positionner et refuser. Mais le oui de Marie est un oui à la vie, qui dépasse les peurs et les simples envies.

Apprendre à dire OUI

EN FAMILLE

Celui qui souhaite dire oui à la vie offerte par Dieu s'exerce à le faire un peu plus chaque jour. Cela peut commencer par accepter ce qui vient comme ça vient !

Test : repérer toutes les fois où l'on dit non au cours d'une journée. On n'y prend pas garde, mais cela peut arriver de multiples fois. L'heure de se lever, le feu qui passe au rouge, le coup de fil qui dérange, le bruit intempestif d'un enfant, un parent qui demande un service, un plat qu'on n'aime pas trop...

Travaux pratiques :
Choisir une situation repérée dans le test, par exemple celle qui revient le plus souvent, et s'appliquer à dire oui, à sourire, quand cette occasion se présente. Et parfois, on finit par en rire...

Comme toi, Marie

PRIÈRE

Tu as cru à la Parole de Dieu...
Apprends-moi à écouter,
À dire oui à la vie,
À garder confiance quoi qu'il arrive.

Tu conservais tout ce qui arrivait dans ton cœur...
Apprends-moi à ne pas réagir trop vite,
À être attentif,
À rester parfois dans le silence.

Tu as choisi d'être la servante du Seigneur...
Apprends-moi à servir,
À préférer l'humilité,
À choisir Dieu chaque jour.

MARIE en musique

EN CHANSON

La dévotion à Marie a inspiré beaucoup, beaucoup d'artistes ! Voyons, non, écoutons plutôt ce que les musiciens nous ont offert. Un passage à la discothèque vous permettra de découvrir ou d'écouter à nouveau :

- un hymne byzantin à la Mère de Dieu (liturgie orthodoxe)
- les *Vêpres de la Vierge* (Monteverdi)
- l'*Ave Maria* (Schubert, Gounod ou Stravinsky...)
- le *Stabat Mater* (Pergolèse, Vivaldi ou Poulenc...)

L'été est là, les filleuls peuvent passer quelques jours chez leur parrain ou leur marraine. On y goûte un rythme de vie différent et surtout on partage du temps ensemble. Bon moyen de renforcer les liens tissés depuis le jour du baptême.

Spirituel mon parrain ?

Côté parrain-marraine, cette proximité s'entretient tout au long de l'année afin de ne pas devenir simplement celui qui offre un cadeau à Noël et pour l'anniversaire. Là aussi, comme toujours, le plus important, c'est la qualité de la relation.

Tu veux que je te montre ?

L'occasion de partager un savoir-faire est un moment privilégié : ce sera selon les talents de chacun, par exemple une partie de pêche, apprendre à coudre, construire un mur de pierres, ou bien faire la cuisine à quatre mains...

Et si on jouait ?

Quand on ne se voit pas très souvent, il faut vite faire grandir la complicité. Rien de tel pour cela que le jeu qu'on choisira selon ses goûts :

- **Entre artistes :** On s'assied en face l'un de l'autre et on dessine le portrait de son vis-à-vis. Peut-être y aura-t-il des surprises...
- **Comme des acrobates :** On se lance un ballon de baudruche bien gonflé avec interdiction qu'il touche le sol. Si c'est trop facile, on essaie avec deux ou trois ballons.
- **Petits poètes :** pendant un trajet à pied, on collecte quelques trésors déposés par Dame Nature et on invente à deux, à partir de cette cueillette, une histoire farfelue : « Il était une fois un pétale de rose sous lequel vivait... »

Le 4 quarts d'été à 4 mains :

RECETTE

1. Commencez par peser les œufs (3 par exemple), puis le même poids de farine, de beurre et de sucre.

2. Mélangez le tout, et à quatre mains ça va vite.

3. Versez la préparation dans un moule à cake ou dans de petits moules individuels.

4. Laissez cuire 3/4 d'heure au four à 180 °C.

Astuce

On peut ajouter un peu de levure à la farine et inventer toutes sortes de variantes en incorporant des pépites de chocolat, des petits fruits rouges, des noisettes concassées et même des fleurs de lavande !

SEPTEMBRE OCTOBRE

SOMMAIRE

Méditer – Contempler un arbre	p. 177
Arbre, qui es-tu ?	p. 178
Les courses de la rentrée	p. 180
Semer et cultiver l'amitié	p. 182
Face à la différence	p. 184
La violence – Regarder en face	p. 186
La violence – Réagir, mais pas n'importe comment	p. 188
Méditer – Le chemin	p. 193
Sur le chemin	p. 194
Cinq sens en éveil – Dans la nature	p. 196
Chut ! Semer le silence	p. 198
S'interroger	p. 200
Vivre le dimanche autrement	p. 202
Qu'est-ce qu'on mange ?	p. 204

« Le Royaume des Cieux est comparable
à une graine de moutarde. C'est la plus petite
de toutes les graines, mais quand elle a poussé,
elle dépasse les autres plantes et devient un arbre,
si bien que les oiseaux du ciel font leur nid
dans ses branches. »

D'après Mt 13,31-32

Comtempler un arbre

Comtempler un arbre et, près de lui..
Se cacher, s'abriter, s'adosser, grimper.
Comtempler un arbre et, comme lui...
S'enraciner, pousser, grandir, tendre vers le ciel.

Il est là, bien réel, planté dans la forêt. Mais il est aussi présent sous d'autres formes, plus discrètes. Par exemple, il est « généalogique » quand il symbolise la vie d'une famille, « poumon de la Terre » pour nous permettre de respirer, ou bien « arbre de Noël » qui reste toujours vert. Vraiment, l'arbre cache bien des secrets dans ses feuilles !

« On apprend plus de choses dans les bois que dans les livres. Les arbres et les rochers enseignent des choses qu'on ne saurait entendre ailleurs. » Saint Bernard, *Épître*

Compositions d'automne

AVEC LES MAINS

Partir ramasser quelques trésors que l'automne a délicatement laissés tomber. Ensuite, réaliser au gré de ses envies :

Un bouquet de feuilles flamboyant

Un tableau à encadrer

Une œuvre d'art végétale

Autant de symboles que de feuilles !

COMPRENDRE

L'arbre est l'un des symboles les plus répandus dans toutes les cultures. Partout, on le célèbre comme un signe de vie. Son feuillage naît, meurt et renaît au fil des saisons. Ancré entre ciel et terre, il rappelle à l'homme sa vocation à se tourner vers Dieu jusqu'à le rejoindre. Il reste mystérieux, car ses racines plongent dans l'invisible. Fort de tous ces symboles, l'arbre est présent dans la Bible, de la première à la dernière page...

L'olivier
Juges 9,8-9

Le buisson ardent
Exode 3,1-6

Le sycomore
Luc 19,3-4

Le palmier et ses palmes
Jean 12,12-13

Le figuier
Luc 13,6-9

Le ricin
Jonas 4,6-11

UN PETIT GRAIN DE FOLIE

EN PLEIN AIR

Quand on vit au quotidien dans une grande ville, c'est plus fréquent de sentir le macadam sous ses pieds que la terre, de voir des murs tout autour de soi qu'un morceau de ciel et plus fréquent encore de sentir les gaz des voitures que le parfum du vent. Pour résister à ce monde fabriqué et étouffant, il existe un antidote au coin de la rue. Trouver un arbre, planté sur un trottoir ou dans un square. Régulièrement s'en approcher, l'observer. Puis, si on peut, s'y adosser et sentir le vent qui le fait vibrer, l'encercler de ses bras, caresser son tronc. On finit par ne plus manquer ces petits rendez-vous, histoire de ne pas perdre complètement le contact avec Dame Nature.

L'homme qui plantait des arbres

HISTOIRE

C'est une histoire magnifique contée par Jean Giono. Elle raconte un homme solitaire qui redonne vie à tout un pays en plantant inlassablement des arbres. Cette nouvelle célèbre la grandeur d'âme de l'être humain et sa capacité à être généreux sans se décourager. On trouve le texte en librairie (Gallimard Jeunesse) ou sur le Net. Une très belle adaptation en dessin animé a été réalisée par Frédéric Back (Société Radio-Canada, 1987), oscar du meilleur film d'animation en 1987. Disponible en DVD depuis 2002.

Serais-je comme un arbre ?

DIEU DANS MA VIE

Comme l'arbre contenu dans la graine, Dieu connaît chaque être au plus profond. Il voit en chacun ce qu'il peut devenir et se permet parfois de couper quelques branches pour que l'arbre intérieur de l'homme s'épanouisse.

Jésus conseille : « Et au sujet des vêtements, pourquoi se faire tant de soucis ? » (Mt 6,28). Avec le mois de septembre et la rentrée des classes, arrive la période de consommation la plus importante, après celle de Noël. On a beau savoir que l'habit ne fait pas le moine, ni le cartable l'élève accompli, on tombe facilement dans le panneau (publicitaire). Voilà qui touche au désir bien humain de possession et qui revient chaque année. Se poser des questions, même si elles sont modestes, voire dérisoires, c'est déjà prendre conscience que des pièges se cachent derrière nos achats.

LA COMPLAINTE DU CARTABLE

EN CHANSON

Sur l'air de « Il était une fermière qui allait au marché »

Il était un cartable qui chantait chaque rentrée
Soyez donc raisonnables, essayez de m'écouter.
Choisissez-moi en cuir, en toile,
Pas en nylon, pas en plastique, stop !

Refain : Trois pas en avant, on est tous gagnants !
Trois pas en arrière, au secours la terre !

Si j'suis en bon état, gardez-moi cette année.
J'porterai vos cahiers en papier recyclé.
Et votre trousse, cuir ou coton,
A-t-elle besoin d'être dernière mode ? stop !

Vos crayons en vrai bois n'auront pas de vernis,
Vos feutres s'ront sans solvants, vot' gomme
en caoutchouc.
Une règle en bois ou en métal,
D' la colle à l'eau, plus rien de toxique, stop !

Pour finir ma chanson, j'vous invite à choisir
un stylo rechargeable plutôt que trois jetables.
Et d' l'encre bleue, c'est ce qu'il y a d'mieux.
Vive le pratique, mais pas d' chimique, stop !

Les parents, au travail !

La rentrée scolaire est un vrai terrain d'éducation. Éduquer, c'est étymologiquement « conduire hors de, séparer ». Une bonne occasion d'apprendre à séparer les justes besoins des simples désirs, de faire les bons choix, et de parvenir ainsi à conduire son enfant hors... du magasin.

On peut aussi :

- se demander quel attachement on porte soi-même aux marques (habillement, alimentation, loisirs...) ;
- réfléchir avec d'autres familles, car à plusieurs, on est plus fort ;
- agir au sein de l'école, créer une coopérative d'achat...

MADE IN CHINA

PRIÈRE

« Aucun crime n'est plus grand que l'avidité. Aucun désastre n'est plus grand que l'insatisfaction. Aucune défaite n'est plus grande que le désir d'acquérir. »

Lao-Tseu,* Tao Te King, *chapitre 46

Achat raisonnable = achat responsable

Comme cela se fait dans certaines entreprises, une famille peut chercher à faire ses achats de façon plus responsable. Les trois questions à se poser sont les mêmes pour tous :

1. De quelle manière je fais une économie ?
2. Mon achat respecte-t-il ceux qui ont fabriqué ce que j'achète ?
3. L'objet que je choisis a-t-il ou va-t-il dégrader l'environnement ?

L'économie, ce n'est pas que sur l'étiquette

Il est bon de penser au coût global d'un objet. Par exemple :

- préférer le papier recyclé qui réclame 20 fois moins d'arbres, 100 fois moins d'eau, 3 fois moins d'énergie
- favoriser tout ce qui est rechargeable : classeurs, stylos à cartouches, critérium.

Complices ?

C'est vrai que c'est plus difficile à détecter, mais il faut savoir que des produits sont fabriqués dans des pays qui acceptent le travail des enfants, et que dans notre propre pays, beaucoup de conditionnements sont réalisés par des personnes handicapées aux salaires très bas.

Dans mon cartable, il y a...

Imaginer sous forme de jeu le cycle de vie des fournitures contenues dans le cartable. Pour chaque objet, on pose des questions comme :
d'où vient-il ? avec quels matériaux est-il fabriqué ? avec des ressources naturelles renouvelables ou non renouvelables (plastiques issus du pétrole) ? comment finira-t-il sa vie (à la décharge ou recyclé), dans combien de temps ? aura-t-il nui à l'environnement par des rejets néfastes dans la nature (produits toxiques : vernis, encres, piles, déchets non recyclables...) ?

Une promenade un peu particulière

Avant le jour d'expédition au supermarché, visiter une déchetterie ou un centre de tri des déchets permet de prendre conscience, sans discours, que consommer c'est aussi rejeter et détruire.

« Les vrais amis se comptent sur les doigts de la main », dit le proverbe. Être ami demande du temps, de l'indulgence, de la simplicité aussi. C'est toujours un chemin qui fait grandir. Autrement dit, l'amitié, c'est sacré !

Invitation

EN FAMILLE

On invite souvent ses amis pour son anniversaire. En soi, c'est sympathique, mais le problème, c'est que cette invitation implique pour les copains des achats incontournables de cadeaux, et parfois pour les parents une surenchère logistique et commerciale. L'amitié, cela se célèbre toute l'année. Alors, on peut préférer organiser une fête entre amis rien que pour la joie d'être ensemble, et fêter son anniversaire plutôt en famille.

Vraiment amis ?

COMPRENDRE

Le philosophe grec Aristote a défini l'amitié comme un escalier à trois marches :

On peut être amis parce qu'on partage des choses agréables. On aime les mêmes jeux, le même sport, la même musique... Mais quand les goûts de chacun changent, de telles amitiés se font et se défont.

« Les oiseaux de même plumage volent ensemble. » *Proverbe indien*

On peut être amis parce qu'on est complémentaires : chacun apporte à l'autre ce qu'il n'a pas. On se rend des services, c'est une amitié utile. Mais quand les besoins changent, ces amitiés-là disparaissent.

« Tout le monde est ami de celui qui donne. » *Proverbes 19,6*

La vraie amitié, c'est surtout vouloir le bien de l'autre. On peut se rendre service ou vivre des moments agréables, mais sans jamais « profiter » de l'autre. Une amitié comme celle-là peut aller très loin.

« Il n'y a pas de plus grand amour que de donner sa vie pour ses amis. » *Jean 15,13*

PRIÈRE

Loin des yeux, près du cœur

On peut être de très bons amis et ne pas se voir pendant des mois, parce qu'on habite loin par exemple. Même séparés, on peut compter l'un sur l'autre. Il existe des amis qui se donnent un rendez-vous dans la semaine pour prier au même moment. Ils lisent l'Évangile du jour et se confient mutuellement à Dieu. C'est une amitié discrète, mais qui grandit chaque jour.

Jésus et ses amis

À la lecture des évangiles, on découvre que Jésus n'avait pas seulement douze apôtres, douze disciples à qui il enseignait, mais qu'il avait aussi des amis et des amies, comme Marthe, Marie et Lazare dans l'évangile selon saint Jean. Tous ses amis, Jésus a su les aimer chacun à sa façon.

Amitié des hommes, amitié de Dieu

« Dans la tradition dominicaine, la prière est souvent conçue comme un acte d'amitié. Comme il n'y a pas de techniques d'amitié, nous n'avons vraiment pas de technique de prière. [...] Prier, ce n'est pas penser à Dieu. [...] Lorsque nous sommes avec nos amis, nous ne pensons pas à eux, nous sommes avec eux. Prier, c'est être avec Dieu. »

Timothy Radcliffe
Ancien Maître Général des Dominicains
Je vous appelle amis, Éditions du Cerf, 2000

LA RIBAMBELLE DE MES AMIS

AVEC LES PETITS

1 Pliez une feuille de papier en accordéon, avec autant de volets que d'amis.

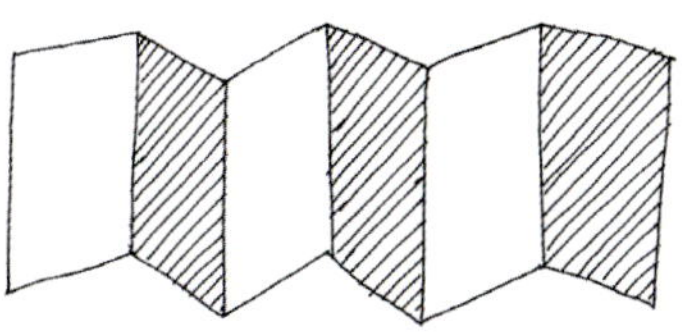

2 Dessinez une silhouette sur le devant et découpez l'ensemble.

3 Dépliez et écrivez le prénom de chaque ami. Affichez la ribambelle dans la maison pour vous sentir bien entouré.

Vous pouvez aussi en fabriquer pour les offrir... en signe d'amitié !

SEPTEMBRE OCTOBRE

Il y a les différences qui enrichissent et il y en a d'autres qui font peur. Celles-ci séparent les gens les uns des autres et causent des conflits à tous les niveaux, à l'école, au bureau ou entre des pays. À chaque fois que la différence sépare, il est important d'en démasquer les causes plutôt que de la nier ou de l'exacerber. C'est comme cela que la guerre peut cesser. Chacun à son niveau en est responsable.

Un film, un livre

AVEC LES PETITS

La prophétie des grenouilles, de Jacques-Rémy Girerd
Ce dessin animé de très belle qualité graphique traite de la différence. Reprenant le mythe de Noé, l'histoire raconte comment se supporter quand on est embarqué sur le même bateau. Si on s'identifie aux différents personnages de l'histoire, ils prennent tour à tour le visage de la jalousie, de l'envie de puissance, ou de l'agressivité qui se bagarrent à l'intérieur de notre propre bateau...

Noir/Voir de François David, Éditions Motus
Ce livre raconte le parcours d'une petite fille avec deux amies qui ne sont pas comme elle. Déroutant et plein d'humour, cet ouvrage fait passer une grande profondeur de sens.

Et si j'étais ?

PENSER AUX AUTRES

Ce jeu propose un petit voyage imaginaire : on entre dans la peau d'un personnage inattendu et on cherche un instant à lui ressembler. Chacun propose à son voisin d'être une personne très différente de celle qu'il est, et pose une question pratique à son sujet : « Si tu étais un jeune bébé, qu'est-ce que tu préférerais faire ? », « Si tu ne parlais pas français, comment demanderais-tu ton chemin ? », « Si tu étais professeur au collège, comment accueillerais-tu tes élèves ? »...

« Que tous, ils soient un, comme toi, Père, tu es en moi, et moi en toi. » Jean 17,21

LE HANDICAP, UNE DIFFÉRENCE QUI SE VOIT

PENSER AUX AUTRES

La personne handicapée porte sur elle une différence qui se voit et qui souvent dérange. On peut se demander : pourquoi ? Sans doute parce qu'être différent a le don de déplacer les repères, de déloger du train-train, d'emmener là où on ne veut pas forcément aller. Et ça, on n'aime pas trop. Pourtant, quand l'occasion de vivre un temps ensemble se présente, en famille, à l'école ou ailleurs, si on ose dépasser ses peurs, ce qui se vit peut se révéler très riche.

LIEUX ET ASSOCIATIONS

PENSER AUX AUTRES

Les communautés Foi et Lumière, fondées par Marie-Hélène Mathieu et Jean Vanier, regroupent des personnes handicapées, leurs proches et des amis. Ainsi, des familles deviennent des « amis ». L'intérêt de l'aventure n'est pas tant de faire quelque chose de bien moralement, mais plutôt, par le contact de handicaps bien visibles, de mettre en évidence nos handicaps intérieurs bien cachés, ce qui permet ensuite de mieux vivre ensemble. Pour plus d'éclairage : foietlumiere.org

---

L'association Loisirs Pluriel invite des enfants handicapés ou non à jouer ensemble le mercredi ou pendant les vacances. Cette idée de confronter ses différences autour du jeu convient à de nombreux enfants porteurs d'un handicap mais séduit aussi des parents et des enfants valides motivés par cette idée originale. En savoir plus : loisirs-pluriel.com

Le Tout Autre

DIEU DANS MA VIE

La relation que l'homme tisse avec Dieu passe par la différence. Dieu est Tout Autre, et l'homme doit s'y confronter. Au sein de la famille comme ailleurs, la foi en Dieu se transmet en passant entre deux pièges : trop nier cette différence essentielle fabrique un Dieu réduit à des représentations bien humaines, trop l'exacerber impose un Dieu inaccessible.

Si loin, si proche

PRIÈRE

Dieu que je ne connais pas,
Autant le ciel est élevé au-dessus de la terre,
Autant tes chemins sont élevés au-dessus des miens.
Mais j'ai ton image au creux de moi.
Même si la route est longue,
Même si je ne sais pas où elle va,
Je veux la prendre pour aller jusqu'à toi.

La violence se tapit au coin de la rue, dans les cours de récré, derrière les portes des maisons et profondément en chacun. Elle est partout et la famille n'est pas épargnée. Le premier réflexe est de lui répondre œil pour œil, dent pour dent.
Mais l'attitude chrétienne n'invite pas à cela.
Elle laisse le Christ rendre visite à ce qui se passe là, pour que toute puissance destructrice se transforme en force d'amour. Impossible à vue humaine et pourtant...

VIOLENCES DIVERSES ET VARIÉES

COMPRENDRE

Celui qui cherche sincèrement à stopper toute violence doit commencer par regarder à sa porte : trouver quelles sont les violences reçues et portées, et en chercher les raisons. Même si l'on n'est pas très fier de dévoiler ces côtés sombres, il a été vérifié que rien ne peut ressusciter sans passer par les ténèbres. Courage, c'est peut-être le départ d'une intéressante aventure de spéléologie personnelle et familiale...

Les lointaines

Celles des autres, qui se passent loin dans le monde et dont on nous repaît. Elles laissent derrière elles des sentiments mélangés.

Définition :
La violence, c'est porter atteinte à l'autre.

Les déguisées

Ce qui est normal bien qu'injuste, les façons d'être ou de penser boulonnées, instituées. On en trouve dans les règlements, les conventions sociales, certaines conditions de travail, les comportements sur la route, le rapport à l'environnement...

les proches

- en pensée : jugements et idées toutes faites… Tellement rapides.
- en parole : injures, mots qui accusent, commentaires sur l'autre… Peut-être les plus nombreuses.
- par action : les coups, les regards, les attitudes, les gestes, les grimaces… Les plus visibles.
- par omission : manque d'écoute et indifférence… Sans doute les plus discrètes.

les choisies

Elles ne sont pas vraiment imposées par surprise, on les choisit presque volontairement. Il est peut-être plus facile de s'en protéger. On les trouve dans certaines émissions de télé, films, sites Internet, jeux, lectures…

les invisibles

Il existe des violences intérieures, inconscientes, celles qu'on hérite d'une génération passée et qu'on offre à la suivante. À leur sujet, voici une phrase de la Bible assez évocatrice :
« Les parents ont mangé des raisins verts, les enfants en ont eu les dents agacées. »
Jr 31, 29

PRIÈRE

Pour y voir plus clair dans ce sombre dédale, on a besoin d'aide.

- La prière s'avère un appui solide.
- Le regard des proches est comme un miroir précieux.
- L'écoute de personnes extérieures n'est pas inutile.

Prière

Ils ne savent pas
s'ils mangeront,
leur école est détruite.
Ils ont perdu des amis,
Ils ont perdu leur maison.

Pour les enfants de mon âge,
victimes des guerres,
du grand naufrage,
Seigneur,
je veux offrir ma prière,
me tourner tout entier
vers leur misère.

Seigneur,
sois leur rocher dans le déluge,
toi qui n'abandonnes
aucun de tes petits.
Quand tout se meurt,
tu redonnes la vie.
Merci.

Anne-Sophie du Bouëtiez,
Prières pour tous les jours,
Bayard Éditions, 2008.

On ne peut pas empêcher une émotion violente de surgir, mais on peut maîtriser son expression et la transformer. Ok, cela ne marche pas du premier coup. C'est plutôt un travail de chaque jour. Tout le monde déplore la haine, le terrorisme et la guerre. Mais la responsabilité de chacun est de combattre sa propre violence.

JÉSUS, IMITABLE ?

DIEU DANS MA VIE

Jésus a rencontré la violence du début à la fin de sa vie. Il existe un moyen concret pour traverser les situations difficiles avec lui : ouvrir l'Évangile. Regarder avec attention comment il s'y prend quand la violence lui barre la route. Rester un temps avec lui. Souvent, quelque chose vient parler au cœur. Dans ce cas, agir à la lumière de cette étincelle.

Il refuse la vengeance

Plus d'une fois, les disciples de Jésus étaient à deux doigts de se venger. Jésus leur demande de se détourner de la vengeance radicalement.
Apprendre à repérer les traces de vengeance dans un comportement. Cela peut se voir clairement ou se planquer bien profond et sortir inconsciemment. Petit à petit, à force d'être démasquée, l'envie de se venger devient moins puissante.

Il passe

Alors qu'on lui lance des pierres à la tête, Jésus passe son chemin. Et s'il n'est pas accueilli dans un village, il part vers un autre.
Rompre la spirale de la violence en choisissant une autre action, une réaction non violente : marcher, changer de pièce, traiter une colère par l'humour, trouver un dérivatif, et développer ainsi une capacité à s'auto-apaiser.

Il garde le silence

Quand on veut le prendre au piège en jetant à ses pieds une femme infidèle, Jésus commence par se taire.
Différer une explication, laisser du temps plutôt que réagir du tac au tac. Ce n'est pas occulter, passer sous silence. C'est une façon d'écouter, d'observer plutôt que de subir.

« De leurs épées ils forgeront des socs de charrue, et de leurs lances, des faucilles. On ne lèvera plus l'épée nation contre nation, on ne s'entraînera plus pour la guerre » Is 2,4

Cette citation est gravée à l'entrée du siège des Nations unies à New York.

Il retourne la question à l'agresseur

Devant le grand prêtre ou Pilate qui le violentent, Jésus répond par une question : pourquoi me questionnes-tu ? pourquoi me frappes-tu ?

Quand on agresse autrui, c'est souvent que cet autre renvoie quelque chose de lui-même qui est insupportable. Il est utile de demander à l'agresseur s'il comprend pourquoi il a agi comme cela. Il peut alors essayer de trouver en lui ce qui a déclenché sa fureur.

Il a le geste ou la parole forte

Le Christ a proféré des injures face à certains adversaires, a empoigné un fouet devant les marchands du temple. Sa violence reste maîtrisée. Elle est un moteur qui remet en marche.

La colère peut avoir un côté positif. Elle invite à changer une situation au plus vite.

Il voit l'inconscience de l'homme

Sur la croix, Jésus prie son Père de pardonner aux hommes car ils ne savent pas ce qu'ils font.

Combien de fois blessons-nous autrui sans en avoir l'intention, combien de fois ignorons-nous les conséquences de nos actes ? Cela va mieux quand on reconnaît ses limites, qu'on accepte celles de l'autre et qu'on se le dit.

Il aime ses ennemis

Quand Judas le trahit, Jésus lui dit : « mon ami ». Son commandement est d'aimer ses ennemis et de prier pour ceux qui persécutent.

Se souvenir que personne ne se résume à sa violence. Voir qu'il y a quelqu'un derrière l'ennemi du moment.

Il fait face librement

Alors qu'on va l'arrêter avec des armes pour le faire mourir, Jésus dit : « Ma vie, personne n'a pu me l'enlever : je la donne de moi-même. »

Il y a plusieurs façons de traverser des moments difficiles. On peut les subir comme une victime. On peut, au contraire, laisser quelque chose se transformer au centre de ce qui est violent. La foi, c'est laisser Dieu renverser la situation.

Un film à partager

Le film ***Le tigre et la neige*** de et avec Roberto Benigni (2006) montre à l'écran l'amour qui dépasse tout, celui qui répond à la violence en venant d'un tout autre lieu : la poésie, l'humour, la liberté... Magnifique !

Un album pour les plus jeunes

Grosse colère, Mireille d'Allancé, École des Loisirs, 2000. C'est l'histoire d'une colère qui monte, monte, monte... et qui finit par retomber, après quelques dégâts quand même.

7 situations qui conduisent l'enfant à la violence

Pour désamorcer la violence au sein de la famille, c'est important de comprendre pourquoi elle s'est installée.
Un enfant devient violent lorsque :

1. il se sent attaqué, moqué ou ridiculisé,
2. les autres décident sans lui,
3. il se sent rejeté,
4. il refuse les règles, les interdits,
5. il est jaloux ou envieux,
6. on lui fait des reproches,
7. il est lui-même victime de violence.

7 idées pour calmer la violence de l'enfant

Voici quelques remèdes qui peuvent aider la famille à mieux contourner la violence :

1. attendre que passe la tempête,
2. encourager l'enfant à parler,
3. aller se défouler (courir, taper dans un ballon),
4. jouer, rire, chanter pour calmer les esprits échauffés,
5. inviter l'enfant à s'exprimer à travers la musique ou le théâtre,
6. trouver des solutions ensemble,
7. choisir un médiateur pour aborder les questions qui fâchent.

Lectures pour les plus grands

Etty Hillesum est une jeune juive hollandaise qui a vécu de 1914 à 1943. Son expérience pendant la guerre l'a amenée à vivre très fortement l'amour des ennemis. Elle a rédigé un journal intime qui relate son cheminement, ses impasses et ses percées lumineuses : ***Une vie bouleversée***, Points Seuil, 1995. Un autre livre pour aller un plus loin avec elle : ***Prier 15 jours avec Etty Hillesum***, Pierre Ferrière et Isabelle Meeûs-Michiels, Nouvelle Cité, 2005.

LE TABLEAU ANTI-DISPUTE

Si vos enfants ont une tendance prononcée pour les disputes violentes, cette activité peut vous aider :

1 Sur une grande feuille de papier, tracez autant de cadres qu'il y a de membres dans la famille. Laissez une place en bas de la feuille.

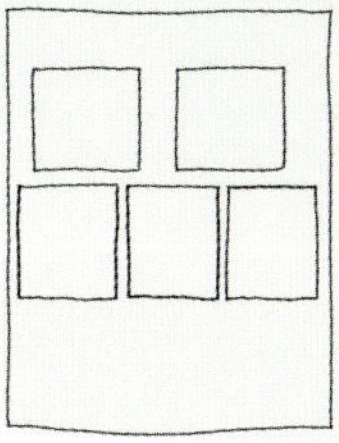

2 Enfants et adultes notent leur prénom dans un cadre. Chacun inscrit les 3 choses concrètes qu'il demande aux autres de ne pas faire car cela le met en colère (prendre les jouets sans demander la permission, claquer la porte au nez, refuser de baisser le son de la chaîne hi-fi, donner un surnom ridicule...).

3 Établissez que, désormais, tout ce qui est écrit est à éviter absolument.

4 Choisissez en famille des gages que l'on donnera à ceux qui oseraient enfreindre les règles : mettez-y un peu d'humour...

5 Écrivez les gages en bas de la feuille. Si l'un des membres de la famille ne respecte pas le pacte, on tirera au sort pour le gage !

6 Affichez la feuille dans la cuisine ou dans un lieu central de la maison.

Thomas dit à Jésus :

« Seigneur, nous ne savons même pas où tu vas.
Comment pourrions-nous savoir le chemin ? »
Jésus lui répond : « Moi, je suis le Chemin,
la Vérité et la Vie. »

Jean 14,5-6

Le chemin

Une allée ou une avenue ?
Une route ou un sentier ?
Une descente ou un raidillon ?
Une distance ou un but ?
Un passage ou une voie ?
Une direction ou un itinéraire ?
Simplement,
le chemin qui est le tien…

« Chacun sa route, chacun son chemin… », dit la chanson. Elle dit vrai car on touche là à ce qu'il y a de plus unique en chacun : l'histoire de sa vie. Être chrétien, c'est choisir le Christ comme chemin. Vivre vraiment cela demande du temps, suppose des avancées et des reculs. Là encore, la vie de famille est un immense terrain d'expériences.

Un peu de cinéma

Le film d'Eric Valli, *Himalaya, l'enfance d'un chef* (2001), fait faire un bon bout de chemin à ceux qui le regardent. Non seulement on voyage sur les routes du Toit du monde, mais tout du long, il est question de choix, de savoir si l'on va rebrousser chemin ou continuer à braver l'impossible. Et tout semble chavirer quand e jeune moine dit à son père ce qu'il a appris d'un de ses maîtres : « Quand deux chemins se présentent à toi, choisis toujours le plus difficile. »

Jamais tout seul !

Même si on se sent perdu, Dieu n'est jamais loin de notre chemin. Il peut sembler muet, il n'est pas pour autant absent. Les textes des Psaumes expriment cela très souvent : et la peur de l'homme d'être abandonné, et sa confiance d'être toujours aimé. On peut parler de cela même aux tout-petits, car ils connaissent bien ces sentiments.
Les gestes aident à mémoriser ces chants qui nous viennent de très loin…

Tu me scrutes, Seigneur,

et tu sais !

Tu sais quand je m'assois,

quand je me lève.

De très loin,

tu pénètres mes pensées,

tous mes chemins

te sont familiers.

Ps 138,1-3

C'EST TOI LE GUIDE !

EN PLEIN AIR

Quand une balade est au programme, on peut inverser les rôles en confiant son organisation à un enfant. Il faut accepter alors de se laisser guider sur un chemin qui n'est pas le nôtre. Préparer un itinéraire, apprendre à lire une carte, trouver les informations sur le terrain, être attentif, gérer l'imprévu, oser : tout cet apprentissage est précieux, car il vaut aussi pour la vie intérieure...

Les pros du discernement

Saint Ignace et à sa suite les jésuites se sont beaucoup penchés sur la question des choix à faire ou à ne pas faire. Les exercices spirituels qu'ils proposent aident à trouver la voie vers Dieu, même quand la volonté de celui-ci n'est à rien y comprendre.
Le site www.jesuites.com vous indiquera comment vous initier à ces exercices.

L'Esprit saint, celui qui éclaire

PRIÈRE

Ô Esprit saint, amour du Père
et du Fils
Inspirez-moi toujours
Ce que je dois penser,
Ce que je dois dire,
Comment je dois le dire,
Ce que je dois taire,
Ce que je dois écrire,
Comment je dois agir,
Ce que je dois faire.

Cardinal Verdier (XXe siècle)

Quand le GPS se trompe

« La vérité de demain se nourrit de l'erreur d'hier », disait Saint-Exupéry. Se tromper fait partie du chemin. Cela peut même être très bénéfique, à condition d'essayer de corriger le tir. Pourtant, ce n'est pas facile d'accepter les erreurs des autres, et peut-être encore moins les siennes. En famille, on peut veiller à ne pas culpabiliser celui qui se trompe et accepter son expérience, même si ce n'est pas évident... C'est aussi consentir qu'à tout âge on est bien imparfait et que, sur le chemin de la vie, on marche tous à petits pas.

Un grand tour dans la forêt d'automne est une sortie pleine de promesses. C'est aussi l'occasion de partir à la découverte du sens plus profond des choses en activant les yeux et les oreilles du cœur, en écoutant une voix intérieure, en touchant avec son âme…

« *Ce n'est pas d'en savoir beaucoup qui rassasie et satisfait l'âme mais de sentir et goûter les choses intérieurement.* »

Saint Ignace de Loyola
Exercices spirituels.

AVEC LES PETITS

Le Toucher

1. À l'occasion d'une promenade en forêt, proposez aux petits de collecter de petits objets très différents : cailloux, bogues de châtaignes, glands, écorces, plumes d'oiseau, feuilles, mousse, pommes de pin…
2. De retour à la maison, rassemblez-les dans un sac. Chacun plonge la main dans le sac et doit nommer un objet avant de le sortir.
3. Plus les joueurs sont grands, plus le jeu se complique : on peut donner deux indications : c'est lourd et ça pique.

LA VUE

EN PLEIN AIR

Observer des ombres et des lumières

À certains endroits, la forêt est sombre et ferait même un peu peur. Mais si le soleil brille le jour où l'on se promène, alors commencent d'étonnants jeux de lumière. Rayons de soleil entre les arbres, silhouettes des troncs qui se détachent, clair-obscur, clarté qui miroite entre les branches, feuillage flamboyant… La forêt nous montre sans cesse le passage de l'ombre à la lumière. Étendre une couverture sur le sol, s'allonger et observer ces animations de lumière…

L'ODORAT

EN PLEIN AIR

Concert d'odeurs

L'automne a ses propres odeurs. À différents endroits, respirez l'air de la forêt, à fond. Puis, essayez de trouver ce qui le compose : terre mouillée, champignons, mousses ou feuilles, passage d'un animal… Osez vous approcher pour renifler les herbes, les buissons et les arbres : vous sentirez alors la variété des effluves de la forêt… et leur subtilité !

L'OUÏE

Écoutez les oiseaux, et essayez de les reconnaître par leur chant. Au départ, tous les sons sont mélangés, puis on apprend à en distinguer un, puis deux, puis trois dans le concert général.

Le goût

quand recette rime avec cueillette

Clafoutis aux mûres

- Un bol de mûres
- 4 œufs
- 150 g de sucre
- 1/2 litre de lait
- 2 cuillères à soupe de farine
- 1 verre de crème fraîche

1. Nettoyez les mûres, et mettez-les au fond d'un plat à gâteau.

2. Mélangez tous les ingrédients en finissant par le lait.

3. Versez dans le plat. Mettez à cuire au four une demi-heure à 200° C.

Tartines aux champignons

- Champignons (comestibles)
- pain de campagne
- 1 oignon
- 2 gousses d'ail
- du persil
- un peu d'huile, de sel et de poivre

1. Épluchez et nettoyez les champignons. Coupez-les en rondelles.

2. Faites la même chose pour l'oignon. Hachez l'ail et le persil.

3. Dans une poêle chaude, versez l'huile, faites cuire l'oignon, puis ajoutez les champignons. À la fin, versez l'ail et le persil.

4. Remuez quelques minutes sur le feu et servez sur des tranches de pain grillé.

DEVINETTE :

Lorsqu'on me nomme,
je n'existe plus, qui suis-je ?

Le silence. Le vrai silence est très difficile à trouver. Et comment en parler, puisque parler est encore faire du bruit ? Voici, à voix basse, quelques idées chuchotées pour retrouver cette perle rare et indispensable...

« Le lendemain, bien avant l'aube, Jésus se leva. Il sortit et alla dans un endroit désert, et là il priait. » Mc 1,35

UN SILENCE QUI FAIT CHANGER

MÉDITER

Trois minutes de silence, trois fois par jour, c'est l'expérience que propose Thomas d'Ansembourg, l'auteur de *Cessez d'être gentil, soyez vrai !*, les Éditions de L'Homme, 2001. « Si vous prenez vraiment ce temps pour observer ce qui se passe en vous, sans juger, pour constater ce qui vous rend heureux et ce qui vous démolit, ce qui vous fiche en colère et ce qui vous nourrit, un processus extrêmement transformateur se met en route. Malheureusement, beaucoup de gens ne supportent même pas ces trois fois trois minutes de silence. Dommage, c'est très puissant ! Ça ne permet pas de changer le cadre, mais la façon de vous mouvoir dans ce cadre. » Les enfants qui suivent à l'école la méthode Montessori font aussi une leçon de silence de trois minutes avant de commencer la journée. À oser aussi à la maison ?

Trois p'tits jeux et puis s'en vont...

EN FAMILLE

Pour prendre conscience du bruit qui nous entoure. À faire n'importe où, par exemple dans un lieu où on attend : repérer tout ce qui fait du bruit, et chacun son tour, nommer un des bruits entendus.

Jeu à deux quand on est déjà silencieux : écouter les bruits du corps en collant son oreille sur le ventre, le cœur, le dos, etc.

À expérimenter dans des lieux particulièrement silencieux, à la campagne par exemple : se taire, ne plus bouger et écouter... le silence. Le vrai silence est rare : on peut entendre le bruit sourd de la ville et de la route toutes proches, ou bien le bruit du vent dans les arbres, le vol d'un insecte ou encore le coassement d'une grenouille...

Chut !... semer le silence ... Chut !... semer le silence

AVEC LES PETITS

Le silence en couleurs

Se mettre à l'école du silence, c'est aussi développer son intériorité. Le coloriage de dessins centrés est un moyen d'en faire l'expérience avec les enfants. Ces dessins sont présents dans toutes les cultures humaines. Dans la tradition chrétienne, on les retrouve surtout dans les rosaces des cathédrales.

Les carmélites de Saint-Sever dans le Calvados impriment artisanalement et diffusent des recueils de ces dessins centrés appelés couramment « mandalas ». Contact : http://www.hermitage-atelier.com/index/

Prier sans un mot

PRIÈRE

« Chacun de nous doit s'aider à prier : en premier lieu, en recourant au silence, car nous ne pouvons pas nous mettre en présence de Dieu si nous ne pratiquons pas le silence, intérieur comme extérieur. Faire silence au-dedans de nous n'est pas facile, mais c'est un effort indispensable. C'est dans le silence du cœur que Dieu parle ; si tu te places face à Dieu dans le silence et la prière, Dieu te parlera. Et tu sauras alors que tu n'es rien. Ce n'est que lorsque tu connais ton néant, ta vacuité, que Dieu peut te remplir de lui-même. Le silence nous fait voir chaque chose autrement. »

Bienheureuse Teresa de Calcutta, **Il n'y a pas de plus grand amour,** ***Lattès, 1997.***

EN FAMILLE

Silence et cinéma

Certaines personnes choisissent de rencontrer Dieu dans une vie de silence. Ce sont les moines. Le film ***Le grand silence*** de Philip Gröning (2007) immerge sa caméra dans le plus silencieux des monastères : la Grande Chartreuse. Une expérience unique au cinéma et une invitation à la méditation à tenter avec les plus grands.

Notre monde où la raison domine pousse à ne voir comme réel que ce qui est visible, logique et démontrable. Or, la vraie vie ne peut pas se résumer à cela. Elle comporte ses mystères, et l'homme qui croit en Dieu va chercher à soulever le voile. De tout temps, cela l'a amené à s'interroger, à passer de réponses enfin trouvées à d'autres questions encore. Rien à voir avec du prêt à penser !

La curiosité, un vilain défaut ?

Bien sûr, si curiosité rime avec indiscrétion ou jalousie, ce n'est pas elle qu'il s'agit d'encourager. Mais si c'est le désir qui pousse à ne jamais se satisfaire de réponses toutes faites et confortables, c'est un devoir de ne pas l'étouffer. En général, les enfants ont naturellement cette qualité, ce qui assomme souvent les grandes personnes raisonnables. La soif de connaître des petits est un trésor dont on peut profiter en les encourageant à poser toutes sortes de questions.

« À ce moment, Jésus exulta de joie sous l'action de l'Esprit saint, et il dit : « Père, Seigneur du ciel et de la terre, je proclame ta louange : ce que tu as caché aux sages et aux savants, tu l'as révélé aux tout-petits. »

Luc 10,21

Et pourquoi ? Et comment ?

« Si on pose des questions, on grandit dans notre cerveau. »

Thérèse

« Si on ne se pose pas de questions, alors, on est des hommes préhistoriques. »

Ilyas

« Je pose toujours des questions. Celle que je pose le plus souvent, c'est si je vais vivre demain. »

Aleksander

« Poser des questions c'est ouvrir les portes de la vie. »

Joris

Réflexions d'enfants de CM1 glanées sur le web

Et dans la vie ?

Aujourd'hui, on serait parfois bien tenté par une assurance-vie à risque zéro. Mais ça, ce n'est pas la vie. Combien de contretemps dérangent et bousculent ce qui a été si bien organisé ? Plutôt que de s'enfermer dans des récriminations, il s'avère parfois utile de s'interroger sur le sens d'un évènement, d'une rencontre, d'une maladie, de quelque chose qui ne marche pas comme on veut... en sachant qu'il n'y a pas forcément qu'une seule bonne réponse, un seul point de vue à défendre. Se (re)mettre en question aide à accepter la réalité, à renoncer à ce qui ne peut pas être changé, et changer ce qui peut l'être.

Questions pour une famille

EN FAMILLE

Les fabricants de jeux proposent beaucoup de jeux questions-réponses. On peut aussi en créer un soi-même pour animer une grande fête de famille. Il aidera à découvrir les prénoms de ses aïeux, se souvenir des dates d'anniversaire, se remémorer les anecdotes marquantes, connaître la ville où on habite ou bien poser toutes sortes d'énigmes. L'intérêt de ce type de jeu n'est pas tant d'accumuler des connaissances que d'aimer se poser des questions.

1. Découper quelques jours avant le jour J un très grand nombre de morceaux de papier de taille identique, environ 9 x 6 cm.
2. Les distribuer aux membres de la famille : oncles, cousines, grand-mères, grand-tantes, neveux... Plus il y a de cartes, plus le jeu sera drôle.
3. Demander à chacun de rédiger des questions sur la famille et d'inscrire la réponse au dos. Attention à écrire lisiblement !
Plus il y a d' « écrivains » différents, plus les questions seront variées et inattendues !
4. Collecter les cartes sans en dévoiler le contenu, les brasser.
5. À l'occasion d'une fête de famille, organiser un grand jeu sur le modèle du jeu télévisé « Questions pour un champion », avec les questions collectées. On peut mettre le jeu en scène avec des pupitres, un faux micro et un public exclusivement familial pour mettre l'ambiance !

Exemples de questions :
Né en 1965, j'ai fait des études de biologie. Quel est mon prénom ?
Quelle ville du sud de la France a vu naître Bernard et Jeanne ?
Quel est le prénom du troisième enfant de Thibault et Nadia ?
Combien de fois François a-t-il passé son permis de conduire ?
En 2005, qui a cassé la vitre de la véranda en voulant ouvrir le parasol ?

Un peu de philo

La philosophie peut se définir comme l'art de se poser des questions. Fini ou infini, unique ou multiple, corps ou esprit, temps limité ou éternité ? Des interrogations qui préoccupent l'homme depuis toujours et que l'on retrouve dans un très beau ***Livre des grands contraires philosophiques*** (Oscar Brenifier et Jacques Després, Nathan). L'occasion de philosopher et de méditer en famille.

Pour la plupart des gens, le dimanche n'est pas un jour comme les autres. Pour un chrétien, c'est le jour où il célèbre l'essentiel de sa foi : la victoire du Christ sur la mort. Qu'est-ce qui change vraiment pour lui ce jour-là ?

Étymologie

Le mot « dimanche » vient du latin *dies dominicus*, « jour du Seigneur ». En français, les autres jours de la semaine ont gardé le nom de planètes : lune pour lundi, Mars pour mardi… En anglais et en allemand, le dimanche est le « jour du soleil ».

Le rendez-vous de la messe

Ce jour-là plus particulièrement, les chrétiens du monde entier se retrouvent pour célébrer l'eucharistie. Ce moment est important car on écoute la Parole de Dieu, on communie à son Corps, on prie ensemble et on se rencontre.

Dieu dans ma vie

Pour les enfants réticents

Pas facile pour les enfants de suivre la messe ! Ils y vont parfois avec des pieds de plomb.
Voici quelques idées à mettre en pratique pour rendre la messe plus intéressante :

- Proposer à votre enfant de retrouver un copain, l'église est un lieu de rencontre !
- S'installer de préférence dans les premiers rangs, c'est plus facile de suivre quand on voit bien !
- Ne pas oublier de se munir de la feuille ou du livre de chants, c'est mieux quand on peut participer !

Voici quelques supports éditoriaux pour vous seconder :

- Les fiches de ***Mon Évangile du dimanche à colorier*** (Christine Ponsard et Anne Gravier, Éditions Edifa-Mame, 2008) ou la valisette ***Je vais à la messe*** (S. Bus et V. Bourgeau, Bayard Éditions) proposent aux plus petits des coloriages et des prières autour du rendez-vous dominical des chrétiens.
- Le magazine ***Prions en église junior***, édité par Bayard Presse, permet aux enfants de 8-12 ans de mieux suivre la messe. Explications, expériences, jeux et prière sont au sommaire.
- Inscrivez-vous sur le site www.biblonet.com. Chaque jour, vous recevrez par mail un texte accompagnée d'une œuvre d'art et d'une prière.

C'est dimanche et ça se voit !

Souvent, le dimanche, le repas est bon parce qu'on a un peu plus de temps pour le préparer. Il sera encore meilleur si la façon de mettre la table est un peu différente elle aussi. Il ne s'agit pas de partir dans des idées compliquées mais juste de changer un petit détail : allumer quelques bougies, plier les serviettes de façon originale, déposer quelques fleurs…

LA SEMAINE DU CHRÉTIEN

Dans la tradition chrétienne, le dimanche est le premier jour de la semaine, celui qui éclaire tous les autres. Pour illustrer cela, on peut créer un panneau à compléter tout au long de la semaine.

Matériel

- grande planche de carton
- papiers de couleur
- papiers adhésifs de type post-it
- crayons, ciseaux
- colle, ruban adhésif et punaises

1. Décorez la grande planche de carton en peignant au centre un grand soleil jaune à six branches.
2. Inscrivez sur chaque branche les jours de la semaine, du lundi au samedi.
3. Le dimanche, choisissez une parole de l'Évangile du jour, écrivez-la sur un post-it et collez-la au centre.
4. Chaque soir de la semaine, sur un papier de couleur ou un post-it, un membre de la famille laisse une trace de ce qui a été vécu dans la journée (rencontre, découverte, évènement important, prière, dessin...).
5. Le samedi, regardez en famille tout ce qui s'est passé dans la semaine. Puis retirez ces petits « mémoires » pour laisser place à la nouvelle semaine qui commence le lendemain.

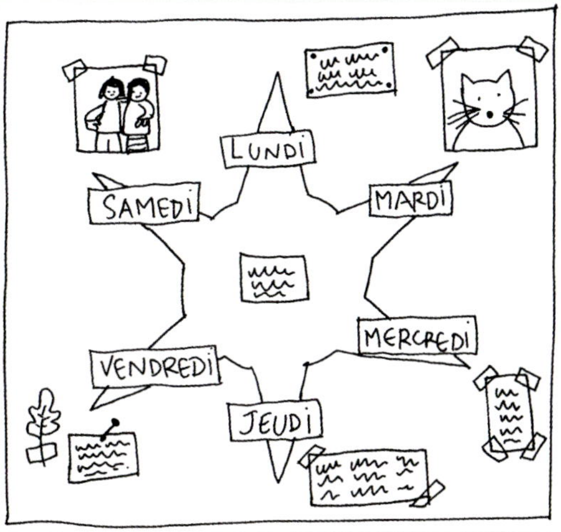

Cette idée est inspirée du ***Livre du dimanche*, *Pour vivre pleinement le Jour du Seigneur seul ou en famille***, ouvrage collectif de Mgr Jacques Perrier, Véronique Westerloppe, Anne Gravier et François Meusnier, Éditions CLD, 2005. Un livre tout entier consacré à l'art de vivre le dimanche en famille.

Un jour pour se reposer

Depuis très longtemps, le peuple juif vit aussi un jour spécial pour Dieu. C'est le *shabbat*. Ce mot hébreu signifie « arrêt », « retrait », « repos ». À l'image de Dieu qui s'est arrêté le septième jour de la Genèse, l'homme est invité à marquer une pause régulière, à se retirer de ses mille occupations, tous les sept jours, pour se reposer. Arrêter de fonctionner comme d'habitude, c'est aussi laisser de la place à l'imprévu et découvrir de nouveaux terrains.

Le moment des repas, c'est sacré. C'est souvent autour des plats préparés avec amour et partagés ensemble que se resserrent les liens de la famille ou de l'amitié. Manger, c'est aussi ce qui fait de nous des vivants. Notre alimentation est donnée à 100 % par le vivant, mais quel respect a l'homme aujourd'hui pour le vivant ?

ON PARTAGE ?

PENSER AUX AUTRES

Apprendre à partager, ça commence à la maison : dans la manière de se servir d'un plat, dans la façon d'accueillir des invités à sa table. Puis, on devient sensible à ceux qui ont moins, à l'école, dans le quartier, ou plus loin dans le monde. Et on fait beaucoup de choses, soit individuellement, soit en agissant avec l'une des nombreuses associations qui existent. Attention cependant à un dangereux personnage qui guette chacune de nos belles actions : Madame Bonne Conscience.

À tout moment, elle peut récupérer à son compte un geste, du temps ou de l'argent donné. Il n'est pas question de laisser son frère dans le besoin, d'être indifférent, mais les fruits de ce qui sera fait vont beaucoup dépendre de la pureté d'intention du généreux donateur. Pour ne pas tomber dans ses pièges, il importe de rester vigilant, et s'il le faut, de s'informer, de réfléchir à plusieurs, de prier.

Sais-tu ce que tu manges ?

DIEU DANS MA VIE

Voilà un bon terrain de réflexion et d'action. Aujourd'hui, l'acte de manger a des conséquences qui se répercutent très loin. On ne peut pas choisir ses aliments inconsidérément. Soit qu'on mette en danger sa propre santé, soit qu'on se rende complice de modes de production nuisibles à l'environnement ou à d'autres êtres humains.
Et Dieu dans tout ça ? Il n'a sans doute pas mis l'homme au cœur de sa Création pour qu'il s'autodétruise. C'est très important de se poser la question de la justesse de ce que nous mangeons. Il n'y a pas de réponses toutes faites, de préceptes alimentaires à suivre. C'est plutôt une question de discernement, d'attention à avoir quotidiennement. Manger est plus spirituel que jamais.
Un site pour réfléchir, conçu par la Conférence des évêques de France : http://www.penseesociale.catholique.fr/

LA MAISON GOURMANDE

AVEC LES PETITS

Matériel

- 2 grandes feuilles de papier
- magazines et publicités
- ciseaux, colle, feutres ou peinture

Ce qui se mange dans chaque maison reflète un peu la personnalité de ses occupants. Qu'est-ce qu'on mange chez soi ? Avec les enfants, rechercher ce qu'on consomme le plus souvent ou jamais, ce qu'on préfère ou ce qu'on déteste, ce qu'on mange parce qu'on est gourmand ou pour garder une bonne santé, ce qu'on boit un peu ou beaucoup. Toutes ces réponses peuvent être rassemblées sur une maison en papier qui viendra décorer un temps le mur de la cuisine.

1 Découpez en deux exemplaires la forme d'une grande maison.

2 Sur la première, ouvrez des portes et des fenêtres.

3 Écrivez sur le toit : « Devinez ce qu'on mange chez nous ? », et marquez sur les fenêtres quelques indications comme : ce qu'on préfère, on en mange tous les jours, ce qu'on boit un peu, beaucoup...

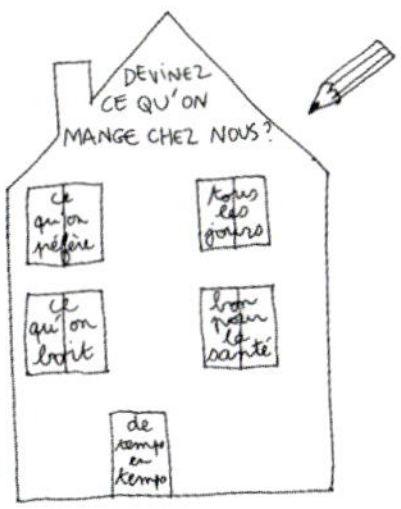

4 Collez les deux maisons l'une sur l'autre et illustrez les réponses derrière les volets avec des dessins, des photos familiales ou découpées dans des journaux...

Halte à la routine

EN FAMILLE

Le repas revient si souvent qu'il peut vite tourner à la routine, ou même à la corvée pour ceux qui sont chargés de le préparer. Pour prendre conscience que ce moment de la journée garde une place à part, on peut de temps en temps créer la surprise en choisissant de se « mettre à table autrement ». Pourquoi ne pas changer de lieu en pique-niquant dehors ou en se déplaçant dans un endroit insolite, cuisiner des recettes lointaines ou des plats traditionnels de sa région. À l'inverse, il est possible de créer quelques rituels familiaux bien appréciés : dîner suisse, soirée crêpes, ou pizza du dimanche soir...

Le bénédicité

Le bénédicité (« bénissez » en latin) est une petite prière qui s'envole au début du repas. Elle reconnaît la nourriture que Dieu donne et lui demande de bénir les mangeurs et ce qu'ils vont manger.
On peut le chanter, le lire, et même l'inventer !

Regarde sur cette table, ce qui est préparé.
Dans ton amour, nous voulons le partager.

Se respecter

MÉDITER

Se respecter, c'est aussi donner une dignité à chaque chose qu'on mange en adoptant des attitudes toutes simples. Par exemple, en buvant son thé le matin, se dire : « ça me fait du bien », ou bien quand on croque un fruit en savourer chaque morceau...

Une prière sur mesure

AVEC LES MAINS

1 Trouvez une petite boîte précieuse (chocolat, parfum...).

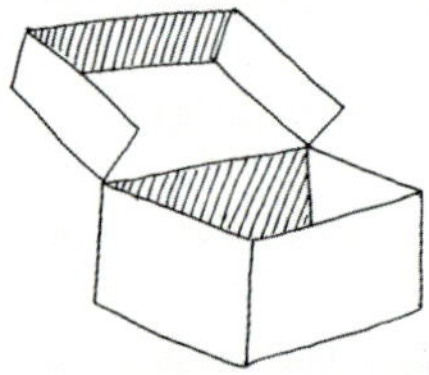

2 Y glissez des papiers colorés.

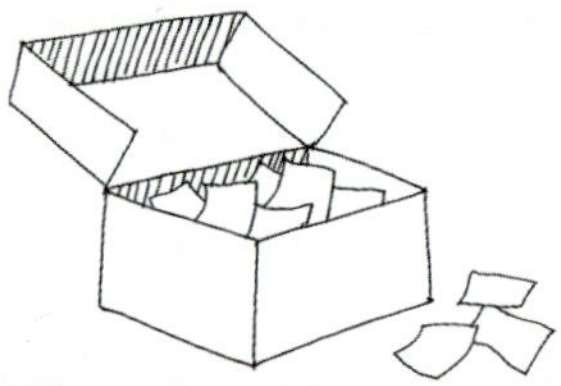

3 Inscrivez toutes sortes de bénédicités : celui qu'on a appris il y a longtemps, une phrase de psaume, une parole de Jésus, une prière trouvée dans un livre, un poème maison...

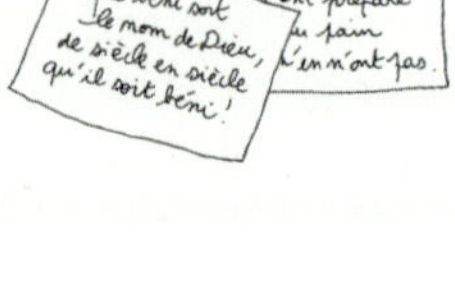

4 Au début du repas, piochez dans la boîte !

Si on préfère une solution toute faite, des petites fiches rondes ont été spécialement créées pour ceux qui aiment prier autour de la table : ***Le pain de la Parole*, *Pour prier en famille ou en communauté***, Fondacio France, éditions Un message de vie.

NOVEMBRE DÉCEMBRE

SOMMAIRE

Méditer – Sur toute la terre	p. 209
Petits et gros cailloux	p. 210
Prendre soin	p. 212
La Toussaint... une fête	p. 214
Mourir	p. 216
Semer et cultiver... la confiance	p. 218
Donner sans compter	p. 220
Le trésor des psaumes	p. 222
En attendant Noël	p. 224
Calendrier de l'avent	p. 226
La crèche	p. 230
Les histoires de Noël	p. 232
Embellir la maison	p. 234
Méditer – La naissance	p. 237
Une naissance	p. 238
Chouette, pleins de cadeaux !	p. 240
Cinq sens en éveil – À Noël	p. 242
Recettes de Noël	p. 244
C'est quoi Noël ?	p. 246
Prier devant la crèche	p. 248
Les mystères de Noël	p. 250
Avant d'aller dormir	p. 252
La fin et le début	p. 254

« J'ai choisi une précieuse pierre que je vais placer comme pierre d'angle en Sion ; et celui qui lui fait confiance ne sera jamais déçu. »

1 P 2,6

Sur toute la terre

Montagne d'Espagne
Falaise anglaise
Météorite d'Arabie saoudite
Rocher du Paraguay
Pierre du Cap-Vert
Galet du Tibet
Caillou du Pérou
Gravier du Zimbabwe
Gravillon du Japon...

Les pierres semblent parfois froides, inertes, lourdes, tranchantes, elles voisinent avec la mort. Mais elles sont aussi précieuses, solides, signe de force, de longévité, d'éternité. C'est avec elles que les hommes construisent. Autant d'ambivalences méritent qu'on aille voir ce qui se cache derrière un simple tas de cailloux.

Un symbole sacré

Déjà, les hommes préhistoriques dressaient des pierres vers le ciel pour communiquer avec Dieu. Dans toutes les traditions, on trouve des monuments, des stèles, des pierres sculptées de symboles et de visages, des dalles gravées de prières... Il n'est donc pas étonnant que soient incrustées dans le texte de la Bible des pierres de toutes sortes. Pour les chrétiens, le Christ est la Pierre d'Angle, pierre apparemment rejetée et pourtant sur laquelle tout repose.

D'UNE PIERRE DEUX COUPS

Fini de se jeter la pierre pour savoir qui met la table, ou étend le linge. Dans un petit sac rempli de bonnes intentions se glissent quelques galets sages et polis.
Sur chacun est inscrit un service pour aujourd'hui. On pioche et on s'y met. Cela s'appelle en avoir dans le caillou, non ? À tester chez soi et, si on ne s'est jeté aucun projectile à la tête, à offrir à des familles amies.

UNE PIERRE PRÉCIEUSE

Agathe est une petite fille qui pourrait habiter un peu partout. Comme chacun, il lui arrive parfois de trouver que le monde ne tourne pas rond. Et cela lui rend la vie bien difficile. Un jour, elle aperçoit un joli caillou tout lisse et agréable à caresser. Elle le ramasse, s'assoit et dit : « Petit caillou, tu es solide. Chaque fois que je te serrerai dans ma main, je penserai à quelque chose de vrai. Tu es brillant. Chaque fois que je te regarderai, je me souviendrai de quelque chose de beau. Tu es doux. Chaque fois que je te caresserai, je me rappellerai quelque chose de bon. Et puis, je dirai merci pour ce que j'ai trouvé. » Elle enfouit la petite pierre dans sa poche qui n'en est plus sortie. Et depuis, même dans les moments où cela va vraiment mal, Agathe trouve toujours qu'il existe quelque chose de vrai, de beau, ou de bon dans sa journée. Et grâce au petit caillou solide, brillant et doux, sa vie devient légère, légère...

AVEC MA COLLECTION DE CAILLOUX

Quand on aime les cailloux, on les ramasse au bord des chemins ou des plages. Voici quelques idées pour les intégrer dans votre vie quotidienne :

AVEC LES MAINS

Le jeux de solitaire : il nécessite 32 petits cailloux ronds et un dessin du plateau. Il ne vous reste plus qu'à jouer à saute-mouton avec vos billes jusqu'à ce qu'il n'en reste plus qu'une !

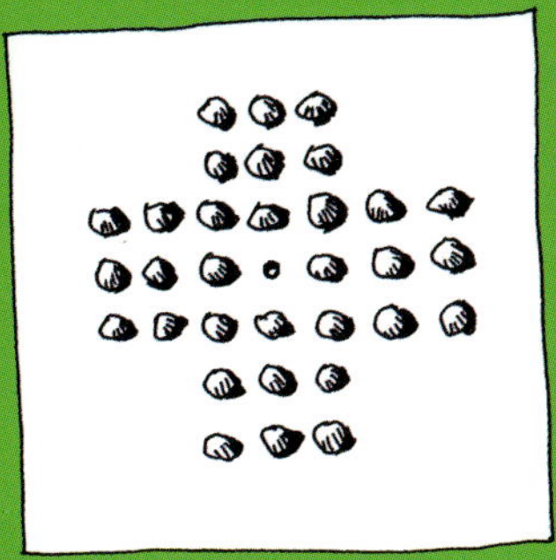

Caché dans la maison : demandez à un pavé bien carré de tenir la porte, à une pièce de se glisser sous les plats et à trois galets ronds de bien se tenir sur l'étagère...

Sur la table de jardin : bien nettoyés, les cailloux seront déposés sur la nappe en papier, sur les assiettes et dans les verres en plastique... pour les empêcher de s'envoler !

Pour décorer une table de fête : choisissez des cailloux aux formes inattendues et peignez-les avec de la peinture acrylique. Ajoutez les prénoms de vos invités. Chacun repartira avec son petit souvenir...

Voyage contemplatif

EN PLEIN AIR

Regarder un simple caillou et prendre conscience de l'histoire de ce minéral, sa composition, son âge, son parcours au fil de l'eau, du vent, du gel, son devenir... Quelques petites questions qui emmènent bien loin dans le temps et l'espace, non ?

PLOUF !

PRIÈRE

Comme un caillou jeté dans l'eau
plonge doucement vers le fond,
que ta Parole, Seigneur,
descende au secret de mon cœur.

Comme un caillou jeté pour rire
dessine des ronds dans l'eau,
que ton Amour m'habite comme une onde
qui se propage dans le monde.

Dans une famille, on prend tous soin les uns des autres. Les parents, bien sûr, prennent soin de leurs enfants, particulièrement des plus petits, quelquefois aussi de leurs propres parents.
Les enfants prennent soin de leurs frères et sœurs plus petits, mais aussi d'un animal, d'une plante…

Savoir faire ou savoir être ?

PENSER AUX AUTRES

Dans les hôpitaux, certains médecins, infirmiers et aides-soignants se posent cette question : peut-on soigner sans prendre soin ? C'est-à-dire être bon techniquement mais passer à côté de la relation humaine. À la maison, la même question peut se poser. Il arrive qu'on s'occupe les uns des autres en déroulant une série de tâches exécutées mécaniquement, mais sans y mettre son âme.
La différence se fait dans la façon de se mettre à l'écoute, d'habiter ses gestes. Cela se vérifie pour tout : se dire bonjour le matin, changer ou habiller un tout-petit, entrer dans une pièce, refermer une porte, passer un coup de téléphone, acheter le pain…

« Le Seigneur parle, en effet : Me voici, moi !
Je vais m'occuper de mes brebis et partir à leur recherche. […]
L'égarée j'irai la chercher, la fugitive je la ferai revenir,
la blessée je la panserai, la malade je la soignerai, la brebis
grasse et forte je veillerai sur elle.
J'en prendrai soin comme il faut. » Ez 34,11-16

PAS LE TEMPS !

MÉDITER

Le piège est de croire que prendre soin prend du temps. C'est vrai parfois, mais le plus souvent, ce n'est pas le cœur du problème. Un sourire ou un regard peut tout changer. Et cela, ça ne prend pas plus de temps.

« *Un sourire coûte moins cher que l'électricité, mais il donne autant de lumière.* »

Abbé Pierre

On dit que le regard est le miroir de l'âme.
Dans son témoignage ***Le scaphandre et le papillon*** (Robert Laffont, 2007), Jean-Dominique Bauby raconte comment, après un grave accident cérébral qui lui a ôté le geste et la parole, il a repris goût à la vie grâce à son unique œil qui cligne, la force intérieure qu'il se découvre et le soin véritable des quelques personnes qui l'entourent. Le film de Julian Schnabel qui porte le même titre (2008) est une adaptation poignante de ce récit.

Aller-retour

EN FAMILLE

Quand un enfant fait l'expérience de prendre soin d'un animal ou d'une plante qu'il fait patiemment pousser, il se rend bien compte de tout ce qu'il lui donne comme attention, affection, eau et nourriture… Il peut aussi remarquer qu'en retour, celui qu'il a soigné le lui rend bien. L'animal communique sa joie de vivre et son attachement, la fleur qui s'épanouit offre son parfum et sa beauté. L'animal lui apprend la spontanéité, la fidélité, la plante la patience, l'humilité…

Au cœur de chaque homme

DIEU DANS MA VIE

Au fond, de qui prend-on soin quand on se rend proche de l'autre ? Le Christ est assez clair sur cette question : « Ce que vous avez fait au plus petit, c'est à moi que vous l'avez fait. » C'est bouleversant, quand on y pense vraiment. Cela veut dire que Dieu, si infini, si insaisissable est à la fois si proche qu'on peut lui rendre un simple service, lui adresser une parole, l'écouter…

Remèdes de grand-mères

RECETTE

C'est bien connu, les grand-mères de l'ancien temps savaient soigner bien des maux, et quelquefois avec trois fois rien. À la maison, on peut soulager des petits malheurs tout simplement avec de l'eau : bain chaud, compresse, bouillotte, glaçon sur la peau, tisane, inhalation… En cas de rhume ou de mal de gorge, visiteurs bien connus en hiver, voici trois recettes à base d'eau et de thym à concocter avec amour :

Infusion anti-froid

- 1 à 2 cuillerées de thym pour un grand bol d'eau bouillante.
- Laissez infuser 7 minutes, puis filtrez.
- Sucrez avec une cuillerée de miel.

Inhalation contre le rhume

- Faites une grande tisane de thym bien bouillante.
- Respirez la vapeur qui se dégage pendant 3 minutes, la tête cachée sous une serviette.

Sirop contre la toux

- Mettez l'équivalent d'un bol de feuilles de thym dans une casserole. Versez 1/2 litre d'eau bouillante.
- Laissez infuser une journée.
- Filtrez le mélange et ajoutez 500g de sucre.
- Faites cuire pendant une heure à feu doux et écumez.
- Quand le sirop est refroidi, mettez-le en bouteille.
- Buvez une cuillerée à soupe 3 fois par jour.

Le sens de cette solennité liturgique est un peu perdu dans les brumes. Visiter les cimetières sous un temps de Toussaint n'annonce rien de très réjouissant. Et pourtant, on nous parle d'une fête, alors…

« Heureux les cœurs purs : ils verront Dieu !
Heureux les artisans de paix : ils seront appelés fils de Dieu ! »
Mt 5,8-9

DÉFINITION

Toussaint : c'est dans l'Église catholique la fête de tous les saints connus et inconnus. Elle est célébrée le 1er novembre. Pour en savoir plus, on peut aller sur le site de la Conférence des évêques de France : http://www.eglise.catholique.fr/

Quand les saints parlent à Dieu

PRIÈRE

On a parfois une grande affinité avec un saint particulier. Comme s'il avait vécu quelque chose qui rejoint notre propre vie, en plein dans le mille. C'est alors tout naturellement qu'on aime prier avec ses mots.

Passer quinze jours avec son saint préféré, c'est tentant, non ? C'est ce que propose la collection « Prier 15 jours avec », aux éditions Nouvelle Cité. Ils sont plus de 120 saints officiels ou non, à se rendre présents au fil des pages de ces petits livres. Une belle rencontre, pour soi ou à offrir. Des détails sur www.nouvellecite.fr, rubrique Livres.

« Seigneur et Maître de ma vie,
éloigne de moi l'esprit d'oisiveté, de découragement,
de domination et de parole facile.
Donne à ton serviteur l'esprit d'intégrité, d'humilité,
de patience et de charité.

Oui, Seigneur et Roi,
donne-moi de voir mes fautes
et de ne pas juger mon frère,
car Tu es béni
dans les siècles des siècles. »
Saint Ephrem le Syrien, IVe siècle

« Ma vie n'est qu'un instant, une heure passagère.
Ma vie n'est qu'un seul jour qui m'échappe et qui fuit.
Tu le sais, ô mon Dieu ! Pour t'aimer sur terre
Je n'ai rien qu'aujourd'hui ! »
Sainte Thérèse de l'Enfant Jésus, XIXe siècle

« Je viens à Toi, Jésus,
pour que Tu m'effleures
avant que je commence ma journée.
Que Tes yeux se posent un instant sur les miens.
Laisse-moi emporter à mon lieu de travail
l'assurance de Ton amitié. »
Bienheureuse Teresa de Calcutta, XXe siècle

La communion des saints, on en parle p. 125.

Fête des vivants ou fête des morts ?

COMPRENDRE

Au VIIe siècle, le Panthéon de Rome, temple de « tous les dieux », fut transformé en église chrétienne dédiée à Marie et à tous les saints martyrs. La fête de ces derniers était célébrée au mois de mai. Deux siècles plus tard, on en déplaça la date pour lutter contre un culte celtique des morts et on l'élargit à tous les saints. Depuis, tous les « amis de Dieu » sont honorés le 1er novembre. Il se trouve que le calendrier de la liturgie prévoit de prier pour les morts le 2 novembre. Aujourd'hui, sans doute pour des questions pratiques puisque seul le 1er novembre est un jour férié, l'usage est de fleurir les tombes le jour de la Toussaint. De plus, la fête d'Halloween pointe son nez au même moment. Il y a un peu de quoi s'emmêler...

Eux et nous

MÉDITER

En quoi les saints qui nous ont précédés peuvent nous aider ? Même si on croit souvent le contraire, ces hommes et ces femmes n'étaient pas des gens parfaits. Si c'était le cas, ils seraient inaccessibles et donc pas très attirants. Ce qui les rend proches, c'est qu'ils avaient les mêmes difficultés que tout un chacun, et ce qui les rend attachants, c'est que cela ne les a pas empêchés de vivre en amitié avec Dieu. Connaître leur vie permet de mieux traverser la nôtre. Prier avec eux, avec leurs mots ou en leur confiant les nôtres, conduit vers Dieu.

AVEC LES PETITS

CONNAÎTRE SON SAINT PATRON

En choisissant pour leur nouveau-né un prénom porté par un saint, les parents le mettent un peu sous la protection de celui-ci. Un jour, l'enfant se posera peut-être la question : « Mais qui est donc celui dont je porte le nom ? » Voilà une bonne occasion de faire le point sur les saints patrons de la famille. On peut lire ou raconter leur histoire, ou mieux encore, la jouer. Quelques astuces pour fabriquer les costumes :

- rechercher un objet significatif : livre, clé, crosse, fleur...
- utiliser de grands T-shirts, foulards, vieux draps...
- appliquer des motifs en toile thermocollante...
- découper dans du carton couronnes de roi et de reine, mitres d'évêque...

Un site internet qui fourmille d'infos sur la vie des saints : http://nominis.cef.fr

Quand la mort touche de près une famille, il se vit des moments très forts. Pas besoin de trucs ou de bons conseils concernant ces heures intenses. Ce qui se passe alors dépasse les bonnes intentions et vient sans doute de bien plus haut. Mais on ne peut rester indifférent à la curieuse façon dont on considère la mort dans le monde d'aujourd'hui. À quoi croit-on vraiment ? Mort et résurrection sont le fondement de l'espérance chrétienne, mais on vit comme si on n'allait jamais mourir.
N'est-ce pas là une curieuse contradiction ?

« Ne soyez donc pas bouleversés : vous croyez en Dieu, croyez aussi en moi. Dans la maison de mon Père, beaucoup peuvent trouver leur demeure : sinon, est-ce que je vous aurais dit : Je pars vous préparer une place ? Quand je serai allé vous la préparer, je reviendrai vous prendre avec moi : et là où je suis, vous y serez aussi. Pour aller où je m'en vais, vous savez le chemin. » Jn 14,1-4

Mourir au quotidien

Puisqu'on est certain de mourir, la vie pourrait être orientée tout entière vers ce passage inéluctable. L'homme préfère sans doute se fabriquer un monde pour oublier complètement ce qui lui fait si peur. C'est une question difficile, mais aussi passionnante. En fait, on meurt et on ressuscite déjà chaque jour, même si le plus souvent, on ne le sait pas.
Et là, dans le quotidien, on peut s'exercer à devenir plus familier de cette métamorphose. À chaque fois que cela se présente, comment arrive-t-on à :

- quitter un lieu ou une personne ?
- accepter de ne pas avoir raison ?
- rater ou renoncer à quelque chose ?
- choisir et renoncer ?
- grandir ?
- changer ? ...

Des livres et des albums

Les livres pour réfléchir et parler ensemble de la mort avec les enfants sont une véritable aide. Il en existe quelques-uns qui témoignent de l'espérance chrétienne.

Dès 7 ans : *Quelqu'un que tu aimais est mort ?* Agnès Auschitzka, Bayard Éditions.

Avec les plus grands : *Parler la mort - Des mots pour la vivre*, Léon Burdin, Desclée de Brouwer, 1997 : un prêtre à l'écoute des dernières paroles de malades.

Et aussi : le hors-série *Prions en église junior, adieu à quelqu'un qui est mort* (Bayard Presse).

LES ÉTAPES DU DEUIL

COMPRENDRE

Quand quelqu'un meurt, ceux qui restent vivent un grand manque. Eux aussi meurent un peu. Ils traversent le deuil en plusieurs étapes, maintenant bien reconnues :

1 Le refus

2 La colère

3 Le marchandage

4 La tristesse

5 L'acceptation

Ce découpage est le fruit du long travail du docteur Elisabeth Kübler-Ross auprès des personnes mourantes.
On retrouve, à des degrés différents, ces étapes dans toutes les sortes de deuils, que l'on ait perdu sa montre, son travail ou un proche.
Le vivre au mieux dans les petites choses prépare sans doute à traverser les grandes.

Initiatives via Internet

PENSER AUX AUTRES

Que ce soit pour offrir un soutien spirituel, amical ou une simple entraide pratique, Internet peut se révéler un magnifique outil. Beaucoup d'initiatives existent et viennent soutenir les personnes confrontées à la maladie, à la mort et au deuil. Il est possible de les rejoindre ou de créer un nouveau support adapté à ses besoins. Voici quelques exemples :

Lorsque quelqu'un est gravement malade ou qu'une famille est éprouvée par le deuil, les proches aimeraient être présents mais sans s'imposer sans cesse. Créer un blog permet de donner régulièrement et largement des nouvelles sans être trop dérangé.

Des familles ayant vécu une épreuve particulière, comme la perte d'un enfant avant la naissance, créent un site d'information, de rencontre et d'entraide.

Les amis d'un jeune père de famille atteint d'une maladie grave ont prié en commun pour le soutenir, lui et sa famille. Après son décès, ils créent et animent un site de prière. Attention, le Net héberge tout et son contraire. Il est important de rester vigilant avant de donner sa confiance à un site.

« Pas d'éducation sans confiance », disait Don Bosco. C'est vrai, être traité avec confiance permet de la développer en soi et ainsi on devient capable à son tour de faire confiance aux autres.

Confiance aveugle

EN FAMILLE

Faire confiance oblige à lâcher en chemin quelques certitudes et à prendre des risques. Voici un jeu assez classique pendant lequel on peut ressentir cet abandon. Dans cette version qui se joue à quatre, pour gagner, il est nécessaire de donner toute sa confiance à son partenaire. Installer dans une pièce un parcours d'obstacles. On bande les yeux à deux joueurs qui vont traverser à l'aveuglette, le plus rapidement possible, sur les conseils de leur guide. Échanger les rôles pour la deuxième manche.

En toute bonne foi

DIEU DANS MA VIE

Dans « confiance », on trouve le mot « croire » (*fidere* en latin). Le croyant est donc un confiant. Ce qui devrait changer pas mal sa façon de voir les choses. Quels que soient les évènements, il est assuré de l'amour que Dieu lui porte.

« *Tout problème est un cadeau.* »

Elisabeth Kübler-Ross

Blague à part

HISTOIRE

Un homme glisse sur le bord d'un précipice. Il tombe, mais réussit à s'accrocher à une branche et reste suspendu dans le vide. Terrorisé, il lève les yeux au ciel et hurle :

– Au secours ! Y a-t-il quelqu'un pour m'aider ?

Alors, une voix sort des nuages :

– Oui ! C'est moi, ton Dieu. Je peux t'aider.

L'homme est très soulagé. Dieu ajoute :

– Me fais-tu confiance ? Une confiance absolue et inconditionnelle ?

L'homme répond :

– Oui, oui, bien sûr.

– Alors je peux te sauver. Mais tu dois d'abord lâcher cette branche. N'aie pas peur.

L'homme réfléchit quelques instants, lève les yeux au ciel et crie à nouveau :

– Y a-t-il quelqu'un d'autre ?

Rien qu'aujourd'hui

DIEU DANS MA VIE

« Rien qu'aujourd'hui, je me plierai aux circonstances, sans prétendre que celles-ci cèdent à tous mes désirs.
Rien qu'aujourd'hui, je croirai fermement (même si les circonstances attestent le contraire) que la Providence de Dieu s'occupe de moi comme si rien d'autre n'existait au monde.
Rien qu'aujourd'hui, je n'aurai aucune crainte. Et tout particulièrement, je n'aurai pas peur d'apprécier ce qui est beau et de croire à la bonté… »

Extrait du *Décalogue de la sérénité* de Jean XXIII

Un film pour les plus grands

Va, vis et deviens, de Radu Mihaileanu (2005). Alors que tous ses repères familiers doivent disparaître pour qu'il puisse survivre, un enfant éthiopien se retrouve seul, dans un pays étranger, Israël.
Il est enfermé dans un mensonge apparemment inextricable, car il doit cacher sa véritable identité. À côté de ceux qui le rejettent, il trouve à chaque étape un être de confiance qui l'accueille. Une histoire bouleversante…

LA CONFIANCE RÈGNE…

EN FAMILLE

Peut-on arriver à faire confiance, même quand tout pousse dans l'autre sens ? C'est possible quand on croit dur comme fer que celui qui est en face a des ressources inépuisables. Mais donner cette confiance, c'est aussi laisser l'autre libre dans sa façon d'agir ou de penser. À la maison, les applications concrètes ne manquent pas. Qu'en est-il dans les situations instables, en cas de recherche d'un travail, d'un logement, de résultats scolaires brinquebalants, d'une maladie inquiétante ?… Même dans des situations très communes du quotidien, on peut s'essayer à la confiance, celle qui laisse l'autre libre…

NOVEMBRE DÉCEMBRE

L'homme a une indécrottable manie de garder ce qu'il possède pour lui. Et pourtant, il aime aussi partager. Il ressent une joie profonde à donner.

> « Mes enfants, nous devons aimer, non pas avec des paroles et des discours, mais par des actes et en vérité. » 1 Jn 3,18

Cette attitude n'est pas une exclusivité chrétienne, loin s'en faut. Mais donner mène sur des sentiers particuliers qui font s'approcher de Dieu.

PROPRIÉTAIRES ?

DIEU DANS MA VIE

À partir de quand devient-on esclave de ses possessions ? On travaille pour les acheter et les mettre à l'abri, on paie pour les assurer, on dépense de l'énergie et du temps pour les entretenir, les déplacer, et parfois même, on paie encore pour s'en débarrasser... Stop ! On arrête tout et on recommence.
L'Évangile raconte quelques histoires bien salées pour celui qui veut tout garder. Par exemple, la parabole des talents invite à comprendre que tout ce que l'on possède est à faire fructifier mais ne nous appartient pas. Ce ne sont que des moyens pour que l'amour de Dieu puisse s'exprimer (Matthieu 25,14-30). L'histoire de l'homme riche interroge sur l'intérêt d'entasser des richesses si on meurt le lendemain (Luc 12,16-21).

PENSER AUX AUTRES

Partage gourmand

C'est une idée à tester à la maison, inspirée des cookies parties américaines. On invite plusieurs personnes pour ce partage. Chacun arrive avec une série de petits gâteaux faits maison, sa spécialité de préférence, et la recette. Chacun repart avec un assortiment de gâteaux et plein d'idées nouvelles. Ne pas oublier de prévoir des boîtes pour repartir avec les gâteaux.

Sur ce principe, on peut vivre des repas partagés où chacun apporte un plat, mais aussi des soirées jeux, des après-midi confitures et toutes sortes de moments conviviaux où partager des savoir-faire se transforme en partage de savoir-être.

MÉDITER

Un homme riche dit alors : « Parle-nous du don. »
Il répondit :
« Certains donnent peu de l'abondance qu'ils possèdent. Ils le donnent pour faire parler d'eux, et ce souhait inavoué rend leurs dons impurs.
D'autres possèdent peu mais le donnent totalement.
Ce sont ceux qui croient en la vie et en sa munificence, et leurs coffres ne sont jamais vides.
D'autres encore donnent avec joie, et cette joie est leur récompense.
Et il y a ceux qui donnent avec peine, et cette peine est leur baptême.
Enfin il y a ceux qui donnent et n'éprouvent nulle peine à donner, pas plus qu'ils ne recherchent la joie ou qu'ils ne donnent avec le souci d'être vertueux.
Ils donnent comme le myrte, là-bas dans la vallée, exhale son parfum à travers l'espace.
C'est par les mains de gens comme eux que Dieu s'exprime, et c'est par leurs yeux qu'Il sourit à la terre. »

Khalil Gibran, Le prophète, *Folio classique, Gallimard, 1992, p. 40.*

Don total

EN FAMILLE

« Donner c'est donner, reprendre c'est voler ! » Cette maxime de cour d'école a quelque chose qui sonne juste. Un don qui retient encore quelque chose n'est pas un vrai don. Il y a une petite bestiole sournoise qui peut venir empoisonner un acte au départ généreux. Une question à se poser au moment d'agir : « Est-ce que je n'attends vraiment rien en retour ? »

Quelques pièges à éviter :

Je te prête ceci, mais tu me donnes cela...

Je te consacre un peu de temps, mais je compte le récupérer plus tard...

Je m'investis dans cette association généreuse, et je compte sur toi pour faire cette tâche à ma place...

Je suis avec toi, mais je pense à autre chose...

Si l'envie de partager un peu plus vous démange, allez voir p. 54-55.
Si la gratitude d'avoir reçu pointe le bout de son nez, retournez p. 52-53.

Un peu ou beaucoup

HISTOIRE

Un cochon et une poule regardent dans une assiette des œufs au bacon.
Voilà que le cochon dit à la poule : « Des œufs, pour toi, c'est un engagement partiel ; pour moi, du bacon, c'est un engagement total. »

Les Psaumes sont des chants sacrés très anciens que l'on trouve dans la Bible quand on l'ouvre au milieu, 150 textes qui peuvent paraître un peu rébarbatifs au premier coup d'œil. Mais ils recèlent des trésors pour celui qui veut bien s'y arrêter. On y rencontre le bonheur, l'émerveillement, la louange, l'humilité mais aussi la peur, la terreur, le chagrin, l'humiliation, la colère, la révolte…
Les moines les chantent sept fois par jour, mais cette prière ne leur est pas réservée…

« Seigneur, notre Dieu,
qu'il est grand ton nom
par toute la Terre !
Jusqu'aux cieux, ta splendeur est chantée
par la bouche des enfants, des tout-petits. »
Ps 8,2-3

JOINDRE LE GESTE À LA PAROLE

AVEC LES PETITS

« Quand je t'écoute, Seigneur,

Quand je fais ce que tu aimes,

Je ressemble à un arbre planté au bord d'un ruisseau :

Il donne beaucoup de fruits

Et ses feuilles sont toujours vertes. »

D'après le Psaume 1
Extrait de Les psaumes pour les tout-petits, *Marie-Hélène Delval, Bayard Éditions, 2003.*

Des millions sur la planète

COMPRENDRE

Des générations de croyants juifs prient avec ces textes depuis trois mille ans, et encore aujourd'hui. Jésus a donc prié avec ces mots. Partout dans le monde, des chrétiens aussi s'en nourrissent chaque jour, dans les monastères, les églises, et dans le secret des maisons. Ça fait du monde, quand même...

Avec le cœur

DIEU DANS MA VIE

Ces textes ont tellement été récités, chantés, murmurés, criés, qu'ils s'inscrivent assez naturellement dans la mémoire. En retenir quelques lignes par cœur est un des moyens d'entrer en intimité avec eux. On peut choisir le plus court, il fait deux lignes (psaume 116), le plus connu (le psaume 22 sans doute), ou son passage préféré parmi les 150... Puis le redire de temps en temps. Il se peut qu'il s'invite aussi sur les lèvres spontanément...

En musique

EN CHANSON

Le psaume est un chant. On peut le lire, le dire, mais il est fait pour être chanté. Le plus souvent, on le psalmodie à plusieurs sur quelques notes. Cette mélodie toute simple apaise celui qui chante et grave la Parole en son cœur.

Le chant des psaumes entre aussi dans les maisons par la magie des CD. Il vient parfois de loin : le disque *Un chant nouveau* (Brigitte et Jean-Paul Artaud, Studio SM, 2003) offre douze psaumes chantés avec la Chorale universitaire de Badalabougou. Un petit air du Mali bienvenu.

« *Le mot* psalmos *en grec signifie l'action de toucher une corde pour la faire résonner : un psaume est un poème sacré destiné à être chanté avec accompagnement d'instrument(s) à cordes. Il convient surtout qu'il soit chanté sur nos cordes vocales et fasse résonner les fibres profondes de nos cœurs.* »

***La saveur des Psaumes*, Dom Robert Le Gall, CLD**

En attendant Noël En attendant Noël

Fin novembre arrive et voilà que Noël se profile à l'horizon. Peut-on honnêtement vivre cette fête et sa préparation de façon sereine, profonde, sans se faire happer par les innombrables sollicitations extérieures ? Hum ! Ce n'est pas évident, qu'on soit petit ou déjà grand. Bien des traditions et des rites y invitent pourtant, si on sait retrouver leur sens symbolique. Et puis, on peut faire l'expérience d'attendre vraiment et s'exercer à être intérieurement très attentif. Autant de chemins qui mènent intensément vers Noël.

Couronne de l'avent

AVEC LES MAINS

Matériel :

- Des branches de sapin, ramassées dans la forêt ou récupérées chez le marchand de sapins
- 2 mètres de ruban
- 4 grandes bougies
- Un peu de houx, des pommes de pin, des petites boules...
- Du fil métallique vert bien solide

1 Tressez en rond les branches de sapin et fixez-les entre elles avec le fil vert.

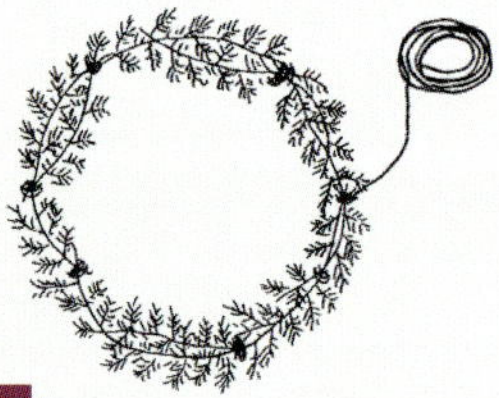

2 Fabriquez quatre beaux nœuds avec le ruban et attachez-les sur la couronne.

3 Disposez les autres décorations, attachez-les avec le fil vert.

4 Placez la couronne à sa place définitive dans la maison et posez les quatre bougies au centre.

Un symbole qui parle

Le cercle de la couronne évoque le cycle du temps qui se déroule année après année. Il représente aussi la figure du soleil. Quant à la couronne, elle évoque le roi et donc le Christ. Faite de sapin et de houx, la couronne de l'avent rappelle aussi celle de la Passion de Jésus. Cet objet résume donc à lui tout seul le mystère de l'incarnation du Christ, de sa mort et de sa Résurrection victorieuse.

Des anges plein le sapin

Matériel :
- Papier blanc ou doré
- Fil
- Compas, ciseaux

1 Sur le papier, tracez un demi-cercle au compas et dessinez les détails comme sur le modèle.

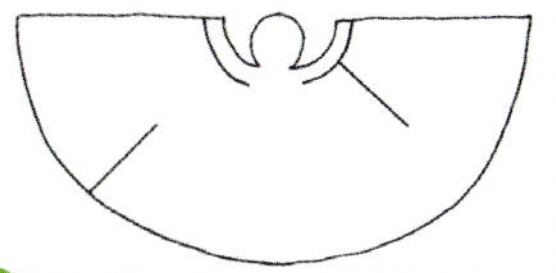

2 Découpez en suivant les traits épais. Formez l'ange en glissant les deux fentes l'une dans l'autre.

3 Vous pouvez le laisser tel quel ou le décorer un peu plus, en découpant les ailes, en ajoutant un instrument de musique, en dessinant un visage...

4 Suspendez-le dans le sapin à l'aide d'un petit fil.

AVEC LES MAINS

On peut même en offrir à quelqu'un en le glissant à plat dans une enveloppe. Les anges sont de bons messagers...

Pour tous ceux qui aiment bricoler avec leurs enfants, aller faire un tour sur le site www.tomlitoo.com. Ce site fourmille de bonnes et belles idées, que ce soit au moment de Noël ou toute l'année.

Pourquoi quatre bougies ?

COMPRENDRE

Sur les couronnes, on place généralement quatre bougies, une pour chaque semaine de l'avent. Allumées une par une chaque dimanche, elles montrent qu'avec la venue du Christ, la lumière prend le pas sur la nuit.

Une idée pour plus de sens
Éteignez la lumière au moment d'allumer les bougies.

À LA MAISON

Mon beau sapin...

Le sapin est l'arbre autour duquel on fête Noël sur toute la planète, qu'on soit chrétien ou non. Comme tous les arbres, il est riche en significations (voir p. 178-179). Le sapin de Noël plante ses racines en Alsace au XVe siècle, avant de voyager un peu partout en Europe au XIXe, puis outre-Atlantique. Comme cet arbre est toujours vert, bien vivant malgré l'hiver, il est symbole de vie éternelle. Couvert de boules, rondes comme des fruits, il rappelle l'arbre de Vie du Paradis. Illuminé de bougies ou de guirlandes, il représente la lumière et renvoie au Christ, Lumière du monde.
L'étoile accrochée au sommet rappelle l'étoile de Bethléem qui guida les Mages dans la nuit.

Attendre, on a plus ou moins horreur de ça. Dans un monde où tout doit aller vite, ce que suppose l'attente peut être souvent perçu comme un échec : ralentir, s'arrêter, renoncer momentanément. Et pourtant, il peut y avoir quelque chose de merveilleux à savoir patienter. Les jours qui précèdent Noël sont l'occasion d'en faire l'expérience. Pour cela, on a inventé un objet génial : le calendrier de l'avent. Ce petit jeu aux airs mystérieux permet de vivre quelque chose chaque jour, de donner du poids à du temps qui pourrait paraître vide. À côté de ceux qui offrent quelques chocolats, il en existe de très beaux que l'on peut garnir de petites attentions. Mais le fabriquer soi-même est encore plus intéressant...

ÊTRE LÀ, SIMPLEMENT

COMPRENDRE

Être là, simplement.
Sans rien attendre.
Ou plutôt si : tout attendre de Celui
qui se donne dans la prière.
Perdre son temps pour gagner Sa confiance
S'oublier pour se retrouver
Ne rien faire mais se laisser faire
Se taire pour Le laisser parler
Attendre pour comprendre
Comprendre pour connaître
Connaître pour aimer
Aimer et attendre...
Attendre quoi ? Attendre qui ?
Si ce n'est Celui
qui se donne dans ma prière.
Prier, et être là, simplement.

Extrait d'une prière de Bernard Pohu, prêtre.

Pour aller plus loin

Un site qui propose de nombreuses prières, sur différents thèmes et pour différents temps de l'année chrétienne : http://www.prier.be

Et pourquoi pas un calendrier de l'avent pour papa ou maman ?

C'est la version adulte des idées précédentes, à ouvrir exclusivement au bureau ou à la maison quand tout le petit monde est parti. Chaque jour, l'intéressé découvre un verset de l'évangile du jour, un mot tendre, une invitation... préparé par sa moitié.

L'avent commence toujours à la fin du mois de novembre. On peut choisir de fabriquer son calendrier à partir de cette date plutôt que le 1er décembre.

AVEC LES MAINS

UN SUR MESURE

Derrière chaque numéro, on glisse des petites propositions différentes. Ce peut être une histoire à raconter tirée des albums de la bibliothèque, une idée pour préparer Noël dans la maison, un petit objet à poser quelque part, une référence à aller chercher dans l'Évangile, une phrase de psaume à se redire dans la journée, une intention de prière, un service à rendre tous ensemble, la chanson d'un CD à écouter, un petit cadeau à faire à quelqu'un...
Selon les priorités que l'on choisit, on obtient des calendriers très différents, adaptés à sa propre famille et à ses envies.

Matériel

- 25 gobelets en carton
- Papier de soie (choisir deux couleurs)
- Papier blanc
- Feutre noir, ciseaux, colle

1 Rédigez les 25 messages en famille. Glissez-les dans les gobelets.

2 Découpez 25 carrés de papier de soie, et inscrivez les nombres de 1 à 25.

3 Fermez les gobelets en collant les carrés de papier et en alternant les couleurs.

4 Posez les gobelets sur une table ou collez-les sur un grand carton si vous souhaitez accrocher le calendrier au mur.

Et le Père Noël, dans tout ça ?

C'est le grand distributeur de cadeaux pour les petits, enfin ceux à qui on veut bien le faire croire. Pour les autres, il est un incontournable figurant des fêtes de fin d'année, au profil sympathique bien qu'un peu commercial. À l'origine pourtant, c'est un pieux personnage, saint Nicolas, qui est encore fêté par endroits le 6 décembre. Mais ce brave évêque, protecteur des enfants s'est fait récupérer un jour par une marque de soda et relooker définitivement en bonhomme au bonnet rouge et blanc. Pas question de le bannir de l'univers enfantin de Noël, mais en racontant son histoire, on peut rebondir ensemble sur ce qui approfondit le sens chrétien de Noël et ce qui en éloigne.

UN CALENDRIER À OFFRIR

PENSER AUX AUTRES

MATÉRIEL

- 1 joli cordon
- 25 mini pinces à linge
- 25 gommettes
- 25 enveloppes fabriquées dans du papier vitrail de différentes couleurs
- 25 bonnes idées à glisser à l'intérieur

Voilà un cadeau de Noël qui s'offre avant Noël : chouette ! À envoyer aux cousins, à un filleul, à une famille amie proche ou qui habite loin...

1 Découpez des carrés de papier et repliez les quatre angles pour former l'enveloppe.

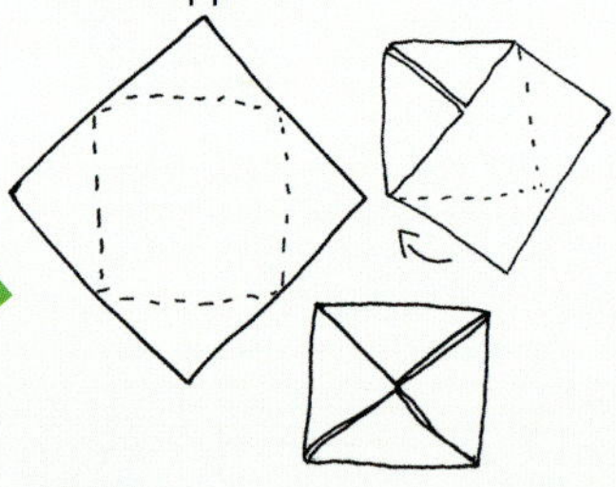

2 Inscrivez dessus un nombre de 1 à 25.

3 Recherchez des idées en fonction des personnes qui vont recevoir le calendrier (voir les propositions du calendrier « sur mesure »). Écrivez-les sur des petits papiers que vous plierez en deux avant de les glisser dans l'enveloppe.

4 Cachetez avec une gommette.

5 Regroupez toutes les enveloppes, le cordon et ses 25 pinces dans une jolie boîte et envoyez ce petit paquet aux heureux destinataires... quelques jours avant le 1er décembre !

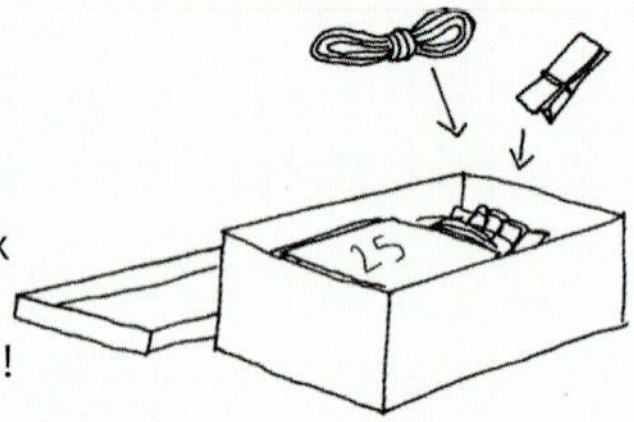

D'après une idée du Foyer de charité de Roquefort-les-Pins

COMME UNE CHASSE AU TRÉSOR

EN FAMILLE

Au préalable, cachez partout dans la maison les santons de la crèche. Si on n'en a pas 25, cachez aussi des petites décorations qui pourront trouver leur place dans la crèche. Dans chaque tube est glissé un message qui donne un indice pour trouver un personnage. Jour après jour, c'est la course dans la maison, chacun ayant gardé le secret sur les santons qu'il aurait découvert avant l'heure. Peu à peu la crèche s'anime, prête à accueillir l'enfant Jésus le 25 décembre.

Matériel

- 25 personnages ou décorations de crèche
- 25 tubes en carton de différentes tailles
- Papier blanc
- Ruban adhésif
- Feutre ou stylo

1 Imprimez à l'ordinateur les chiffres de 1 à 25 dans plusieurs typographies et plusieurs tailles.

2 Découpez les feuilles de chiffres en bandes horizontales.

3 Fixez ces bandes autour des tubes en alternant les tailles.

4 Préparez les messages et glissez-les dans les tubes. Au cas où, gardez une liste qui indique par jour la place de chaque objet.

5 Disposez de façon artistique le calendrier à une place bien choisie de la maison.

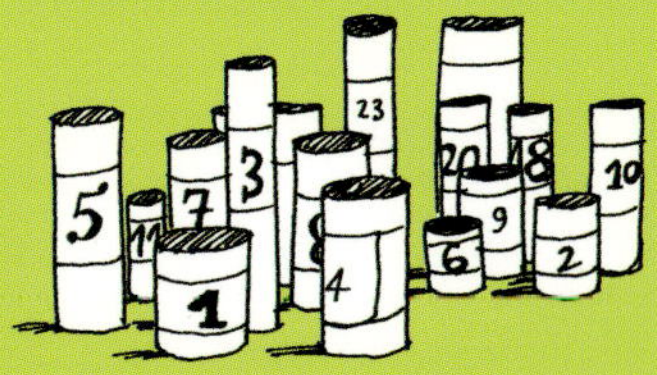

Un des moments forts de l'avent est la mise en place de la crèche. C'est une sacrée chance d'en avoir une, car par sa présence, elle crée souvent un climat particulier dans la maison. Dès qu'on commence à la sortir des cartons, en général, c'est l'euphorie. Mais quel sens donne-t-on aux détails de son installation ?

Installer la crèche

MÉDITER

Avant de passer à l'action, cela peut être intéressant de réfléchir cinq minutes à la façon dont on dispose la crèche habituellement. Est-ce plutôt un peu n'importe comment, selon l'envie ou l'inspiration du moment, surtout pour faire joli, d'une façon traditionnelle parce qu'on a toujours fait comme ça ? Comment donne-t-on tout leur sens à ces petits objets qui ont des choses à dire même s'ils ne font pas de bruit ? Y a-t-il une place pour l'attendu et l'inattendu, l'humilité et la magnificence, l'humain et le divin ? Un petit remue-méninges qui ne devrait pas empêcher la spontanéité et la créativité.

ENVIE DE BOUGER ?

EN FAMILLE

La visite des crèches de la région ou du quartier est l'occasion d'un émerveillement garanti. Il y en a dans la plupart des églises.
Ne pas manquer les crèches communales et celles qu'on trouve dans la vitrine de certains commerçants.

Quand ils représentent la Nativité de Jésus, les chrétiens orthodoxes privilégient fortement l'aspect symbolique. Dans une icône, les éléments du décor, les personnages, les animaux, les objets disent tous quelque chose de bien précis. Il y a moins de fantaisie, mais le sens est plus fort. Quelques détails choisis parmi d'autres : le paysage est une montagne triangulaire qui se dresse vers le ciel. Or la montagne est le lieu symbolique de la rencontre de l'homme avec Dieu. Au cœur de cette montagne se trouve une grotte obscure, au centre de la grotte est représenté l'enfant Jésus dans des langes lumineux. Son berceau ressemble à un cercueil et parle de sa mort mais la lumière qu'il dégage parle de sa Résurrection. En haut, l'étoile, le rayon de lumière et les anges parlent du monde invisible. En bas, les nourrices qui donnent le bain et Joseph plongé dans ses pensées et ses doutes donnent les détails d'un monde très humain. Bon, le bas de cette page oblige à s'arrêter là dans les explications, mais que cela n'empêche pas les curieux d'enquêter un peu plus sur ces images pas comme les autres (livres, web, rencontres…).

Un village illuminé

AVEC LES MAINS

Voici un fond de crèche qui demande peu de moyens. Découpées dans du carton, les maisons d'un village se regroupent autour de la crèche proprement dite. Ce décor peut évoluer pendant les jours de l'Avent : des personnages cachés derrière apparaissent aux portes des maisons, des lumières s'allument derrière les fenêtres, des graines plantées se mettent à germer...

Matériel

- Cartons d'emballage sans inscriptions
- Gros ciseaux
- Bougies chauffe-plat dans des pots en verre

Simple cueillette

EN PLEIN AIR

On le sait, l'endroit où est né Jésus ne devait pas vraiment ressembler à une petite cabane aux murs de briques et toit de chaume. C'était plus probablement un simple abri servant de refuge aux bergers et leurs troupeaux, grotte naturelle dans le rocher ou asile fait de quelques branches. Le côté précaire de ce lieu est symboliquement fort. Il raconte le paradoxe incroyable de Dieu infiniment grand qui se fait petit être humain (on nage dans ce paradoxe p. 250-251).

Il est possible de préparer un décor de crèche qui se rapproche de cette réalité. Faites un tour en forêt ou dans un parc et ramassez ce que l'hiver veut bien donner : souche, branches, mousse, lichens, écorce, pierres, pommes de pin...

À quel endroit dans la maison ?

De même que la place du Christ est au cœur de chacun, l'emplacement idéal de la crèche se situe au cœur du foyer. Ce peut être sur la cheminée qui illumine et réchauffe, bien visible par tous sur une table basse, ou sous le sapin pour marquer la dimension verticale du Fils de Dieu. On peut aussi installer des crèches « secondaires » dans d'autres pièces : dans l'entrée pour accueillir les visiteurs, dans la chambre d'un enfant...

Prendre le temps de raconter des histoires était une occupation traditionnelle de la longue veillée de Noël. Ces récits éveillaient au mystère de la naissance de Dieu et, d'une façon ou d'une autre, annonçaient la Bonne Nouvelle. Beaucoup sont encore à portée de main, glissés dans les mémoires, entre les pages d'un livre ou gravés sur un CD. C'est magique : il suffit de s'arrêter et d'écouter.

Une soirée « contes de Noël »

AVEC LES PETITS

Quelques objets de la maison, deux bouts de tissus, quatre notes de musique et on peut transformer une soirée ordinaire en un moment enchanteur. On se regroupe à deux ou trois autour d'une histoire pour la présenter à toute la famille. C'est facile, certains vont lire, d'autres préféreront se déguiser. Si on n'est pas très nombreux, on peut inviter des amis. Voici trois histoires toutes simples qui parlent de bonnes nouvelles et peuvent servir de point de départ.

LA BALLE

Bonjour ! Je m'appelle Antoine,
et j'apporte cette balle.
Voulez-vous savoir pourquoi ?

Quand j'étais petit,
j'avais très envie de jongler comme un as.
J'avais trois belles balles,
mais j'avais beau les lancer,
mes bras s'emmêlaient
et les balles roulaient par terre.
J'étais très en colère contre moi
et j'ai failli tout arrêter.
J'étais complètement découragé
quand mon copain Jules est arrivé.
Il m'a dit de ne pas m'inquiéter,
que c'était normal de ne pas tout réussir tout de suite
et que, lui, il avait appris pendant plusieurs années.
Il m'a proposé de m'aider et j'ai dit oui.
Chaque jour, après l'école,
il est venu s'exercer avec moi,
et, petit à petit,
mes trois balles se sont mises à voler
et mes bras ne se sont plus emmêlés.
Je ne suis peut-être pas un as du jonglage,
mais ce n'est pas cela l'important.

Avec cette balle,
j'ai compris qu'il ne faut jamais se décourager,
mais qu'en persévérant
on arrive toujours à quelque chose.
Et ça, c'est une bonne nouvelle !

LA RECETTE

Bonjour ! Je m'appelle Malou,
et j'apporte une recette de gâteau.
Voulez-vous savoir pourquoi ?

L'été dernier,
je suis partie en camp de vacances.
Un soir, on a mangé un gâteau délicieux.
Tout le monde en a repris
tellement c'était bon.
Après le dîner,
je suis allée voir la cuisinière pour la féliciter.
Elle m'a montré la recette
et elle m'a proposé de la recopier.
Après le camp,
je suis rentrée à la maison
et j'ai refait souvent ce gâteau.
Toute ma famille s'est régalée.

Grâce à cette recette,
j'ai appris que c'est dommage
de garder ce que l'on sait pour soi,
mais que de le partager donne beaucoup de joie.
Et ça, c'est une bonne nouvelle !

LE STYLO

Bonjour ! Je m'appelle P'tit Louis,
et j'apporte un stylo.
Voulez-vous savoir pourquoi ?

À l'école, on apprend à écrire avec un stylo.
Moi, je n'aime pas trop ça,
car je fais des taches partout,
et j'ai toujours de l'encre plein les doigts.
Un jour, la maîtresse nous a demandé
de prendre un petit papier et
d'y écrire les qualités du copain assis à côté
de nous.
Ce n'était pas très facile.
Quand on a eu fini,
on a échangé les papiers.
Mon voisin avait écrit
qu'il me trouvait
plein d'imagination,
et moi, je lui ai dit
qu'il était rigolo
et toujours de bonne humeur.

Un stylo, c'est très important
quand ça sert à écrire des mots justes.
Ça peut changer la journée de quelqu'un.
Et ça, c'est une bonne nouvelle !

Ces histoires sont écrites d'après un ancien et précieux numéro du magazine *Pomme d'api*. Sur ce principe, on peut en inventer un tas d'autres qui raconteront l'importance de toutes ces bonnes nouvelles que sont les petits bonheurs, le sens de l'humour, la confiance...

Le long des jours de décembre, les décorations sortent des cartons et garnissent les façades ainsi que l'intérieur des maisons. Quelques petites idées pour embellir son quotidien sans perde la boule !

Des objets bien encombrants

De temps en temps, le moment arrive de faire un point sérieux sur tous ces objets qui occupent l'espace de la vie familiale. Or, en réduisant ce que l'on possède, on réduit d'autant le désordre.
Mais au fait, quels sont tous ces objets ?
Il y a ceux qui resserviront sûrement et qui prennent beaucoup de place en attendant, ceux qu'on doit réparer plus tard, ceux auxquels on est attachés (pourquoi ne veulent-ils pas nous quitter ?), etc.
Parmi les solutions : réparer ou faire réparer ce qui est cassé, donner ce qui ne sert pas pour l'instant, ce qui pourrait être utile à d'autres, jeter ce qui est irrécupérable.
On peut par exemple décider de donner tout ce dont on ne s'est pas servi depuis un an : vêtements, vaisselle, jouets…

Méditer

Agir pour que chaque homme puisse vivre, s'affirmer et s'accomplir dans l'échange et le partage, ainsi que dans une égale dignité, c'est le manifeste des Communautés d'accueil Emmaüs. Les meubles, les bibelots, les vêtements, les livres, le matériel informatique dont on ne veut plus, fournissent la matière première du travail accompli par ces communautés. Il en existe un peu partout. Pour trouver la plus près de chez soi : consulter http://www.emmaus-france.org/

En famille

Un peu de ménage

Juste au moment d'habiller de lumière son petit chez-soi, voilà que l'état général de la maison réclame une opération de rangement en « urgence ». Comment transformer la corvée en quelque chose de plus rigolo ? Quand tout le monde s'y met en jouant, ça va mieux. Prêt ? C'est parti !

- En 5 min, trouver 5 objets inutiles et les jeter.
- En 5 min, trouver 5 objets très utiles et les ranger.
- Chacun choisit un petit coin encombré : se donner 10 min pour le trier.
- D'une pierre deux coups : quand on a le courage de ranger un objet, en profiter pour en ranger tout de suite un second. Même les nuls en maths comprendront que la maison se range deux fois plus vite… à condition de ne pas faire le même calcul pour laisser traîner ses affaires !

Chasse au toc

Dans le langage, le mot décor rime parfois avec toc, image trompeuse et carton-pâte. Ce n'est pas le cas quand la décoration de la maison est l'expression de ce que vivent ses habitants. À chaque fois que les objets qui accompagnent Noël sont fabriqués ensemble, quand ils rappellent quelqu'un qu'on aime, quand ils sont là pour le symbole qu'ils représentent, ils n'ont plus grand-chose à voir avec de la braderie clinquante. Peu à peu, la maison extérieure devient l'image de la maison intérieure.

BEAU AVEC TROIS FOIS RIEN

AVEC LES MAINS

Idée n°1

Avec des branches, du carton ondulé, un fil de laine et une grosse aiguille...
Laissez libre cours à votre imagination pour créer de magnifiques bouquets, des centres de table...

Idée n°2

Avec quelques clous, de la ficelle, des pinces à linge...
Tous les membres de la famille accrochent les cartes de vœux qu'ils ont reçues dans un endroit très fréquenté de la maison. Plaisir garanti à chaque passage !

Idée n°3

Avec l'écorce de trois oranges, de la ficelle, une aiguille à tricoter...
Découpez l'écorce d'orange en morceaux. Piquez-les sur l'aiguille à tricoter et faites-les sécher quelques jours sur le radiateur. Enfilez-les sur une longue ficelle, en faisant un nœud entre chaque. Pour que cela sente encore meilleur, vous pouvez accrocher quelques biscuits à la cannelle.

« Que le Seigneur te bénisse et te garde !
Que le Seigneur fasse briller sur toi son visage,
qu'il se penche vers toi !
Que le Seigneur tourne vers toi son visage,
qu'il t'apporte la paix ! »

Livre des Nombres 6,24-26

La naissance

Mon Père,
Je m'abandonne à toi,
Fais de moi ce qu'il te plaira.
Quoi que tu fasses de moi,
Je te remercie.
Je suis prêt à tout, j'accepte tout,
Pourvu que ta volonté
Se fasse en moi,
En toutes tes créatures,
Je ne désire rien d'autre, mon Dieu.
Je remets mon âme entre tes mains.
Je te la donne, mon Dieu,
Avec tout l'amour de mon cœur,
Parce que je t'aime,
Et que ce m'est un besoin d'amour
De me donner,
De me remettre entre tes mains sans mesure,
Avec une infinie confiance
Car tu es mon Père.

Charles de Foucauld

Il y a chez le tout petit enfant un mystère à contempler. Accueillir chez soi un nouveau venu à la vie, c'est l'occasion d'approcher de tout près ce quelque chose d'inconnu qui fait grandir.

« Amen, je vous le dis : si vous ne changez pas pour devenir comme les petits enfants, vous n'entrerez point dans le Royaume des cieux. » Mt 18,3

Portrait

Ces premiers instants de la vie sont éphémères. On peut fixer sur le papier un peu de leurs secrets en dessinant les bébés. Ce n'est pas réservé aux diplômés d'une école d'art. Tout le monde, s'il en a le désir, peut exprimer beaucoup par le dessin.

Venez voir !

EN FAMILLE

Chut ! surtout, il ne faut pas le réveiller... Mais quel spectacle que regarder un enfant dormir ! Il émane de cet être si petit du doux et du fort, du léger et du plein, une sérénité qui devient contagieuse. On sort de la pièce apaisé.

PHOTOS SOUVENIRS

En général, les enfants aiment feuilleter l'album photo de la famille. Ils apprécient aussi d'avoir un mini album à eux, où sont gardées quelques images témoins de leurs premiers mois. En grandissant, ils le complètent à leur envie, le regardent en secret et le partagent avec des étoiles dans les yeux.

Qui est là ?

MÉDITER

Se trouver face à face avec un être tout neuf fait surgir de sacrées questions sur la vie. « Dis, maman, pourquoi j'existe ? Où j'étais avant d'être dans ton ventre ? Si on naît, on meurt aussi ? ... » On sera parfois bien embarrassé pour trouver une réponse, mais ces questions d'enfant sont la source de profonds échanges. On aimera s'écouter, s'interroger, dire ce qu'on sait et ce qu'on ne sait pas et, souvent, on débouchera sur d'autres questions. Vivre, n'est-ce pas naître chaque jour ?

AVEC LES MAINS

UN CADEAU TRÈS PERSO

Matériel :
- 9 cubes en plastique ou en carton
- 6 dessins des frères et sœurs
- Ciseaux, vernis-colle

Pas facile, pour les frères et sœurs, d'offrir quelque chose de vraiment personnel au nouveau venu. Ils peuvent réaliser un jeu de cubes absolument unique.

1 Demandez aux frères et sœurs de réaliser au total 6 dessins carrés de taille identique (largeur = 3 cubes).

2 Découpez les dessins en 9 carrés, chacun des petits carrés aura donc la taille d'une face des cubes.

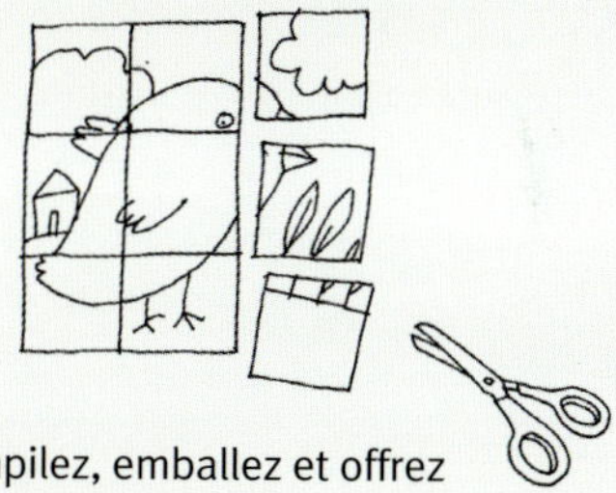

3 Avec du vernis-colle (non toxique), collez les carrés sur les cubes.

4 Empilez, emballez et offrez au nouveau-né.

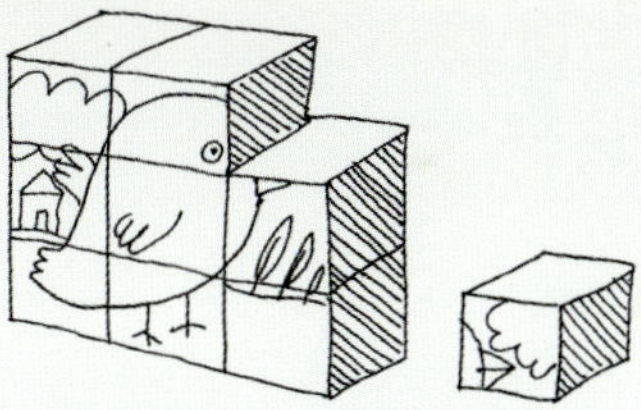

EN TOUTE CONFIANCE

MÉDITER

« La reconnaissance de la spiritualité des enfants nous convie à une nouvelle étape. [...] Il ne s'agit pas seulement de les aider à grandir, mais la question est de grandir nous-même à leur contact. [...] Il n'est pas question de s'infantiliser, mais d'acquérir ce qui caractérise la spiritualité de l'enfant : la dépendance à l'égard de l'Autre, l'écoute, la vie dans le moment présent, la simplicité, la fraîcheur et la candeur, la transparence, mais avec la volonté et la responsabilité de l'adulte. Le signe par excellence de cette transformation réussie, c'est l'aptitude à accueillir. Les paroles de Jésus semblent identifier l'enfant à une porte ouverte vers Dieu. C'est l'un des mystères de la création : le plus petit porte le plus grand. »

Anne-Marie Aitken, revue **La chair et le souffle**, *volume 4, n° 1, 2009.*

L'échange de cadeaux, rituel à Noël, n'est pas un geste anodin. On les offre comme une preuve d'amour, mais que donne-t-on réellement ? Du temps, de l'argent, de soi ? Les achats en série font plonger dans la consommation à outrance. Pourtant, il existe aussi des cadeaux qui ne s'achètent pas...

Quelques idées de cadeaux p. 91.

Calendrier de la tribu

EN FAMILLE

Voici un cadeau à réaliser entre cousins. Chaque famille envoie les meilleures photos de l'année à une personne qui se charge de réaliser le calendrier. S'il se débrouille en informatique, ce sera plus facile. En créant une page par semaine (soit 52), cela devrait laisser de la place pour chacun. Sinon, on se serre un peu. Le résultat est offert ensuite à chaque famille, sans oublier les grand-parents. Pas bête pour rester proches toute l'année...

Avant d'agir, réfléchir

Les cadeaux n'ont que le sens qu'on veut bien leur donner. Or, ce qui va se passer entre celui qui donne et celui qui reçoit est fragile. Peut-être n'est-il pas inutile de s'interroger :

- Se sent-on parfois obligé d'offrir un cadeau ? Pourquoi ?
- Le rituel des cadeaux fait-il des enfants heureux ou des enfants gâtés ? Où placer la limite ?
- L'enfant est-il uniquement celui qui reçoit ou lui apprend-on à donner ?
- Au fait, que sont devenus les cadeaux offerts l'an dernier ? Toujours utilisés, soigneusement gardés, ou oubliés dans un placard, à la poubelle, donnés ?
- Qu'est-ce qui fait vraiment plaisir ? La surprise, l'attention, la réponse à un désir précis ?
- Qu'est-ce qui reste une fois le cadeau donné ? Un lien entre deux personnes, une nouvelle envie à assouvir ?

« Quand tu donnes un festin, invite des pauvres, des estropiés, des boiteux, des aveugles : et tu seras heureux parce qu'ils n'ont rien à te rendre. » Lc 14,13-14

Pour changer un peu

EN FAMILLE

Quand on se retrouve très nombreux autour du sapin, on peut expérimenter le tirage au sort familial, quelques semaines avant Noël. Chacun prépare et reçoit un seul cadeau. On privilégie ainsi la qualité à la quantité. Et puis cela permet de faire un cadeau soigné à quelqu'un qu'on n'a pas forcément choisi. Hum !...

Achat éthique

MÉDITER

Comme pour tout achat (voir p. 180 et p. 204), on se doit de connaître les conditions de fabrication des cadeaux qu'on choisit. Or, particulièrement dans le marché des jouets, on sait qu'il existe des circuits qui nuisent à l'homme et à l'environnement. Acheter sans en avoir conscience, seulement pour satisfaire une envie, choisir de faire des économies, posent quand même de sacrées questions... Auprès des enfants, c'est une sensibilisation à entreprendre à longueur d'année si on ne veut pas se retrouver coincés au moment de Noël...

PENSER AUX AUTRES

Chaque année, une campagne créée par 23 mouvements chrétiens propose une réflexion sur la façon dont on vit Noël, les conséquences d'une consommation excessive ou irresponsable. C'est aussi une invitation à prolonger la trêve de Noël en paix durable. Faire un tour sur http://www.noel-autrement.org/ ou sur le site de Pax Christi paxchristi.cef.fr/

LE PLUS BEAU DES PAPIERS CADEAUX

AVEC LES MAINS

Le cadeau se cache toujours sous son emballage. S'il est fait maison, il sera plus personnel. On peut créer son propre papier, ou confectionner de jolies étiquettes. Peut-être qu'une fois le cadeau ouvert, il n'en restera matériellement rien, mais la petite attention supplémentaire aura touché.

Avec un rouleau de papier kraft, des tampons (un citron coupé en deux, une carotte, une pomme de terre sculptée...), de la peinture, des feutres, des ciseaux, de la colle, du raphia...

Pas besoin de se creuser la tête pour trouver comment aborder la période de Noël avec ses cinq sens. Ceux-ci sont plutôt sollicités à tout vent. Au milieu du brouhaha, il est toujours possible de se mettre en mode pause et de se concentrer sur un geste, une sensation.

L'ODORAT

Voici une décoration dont le parfum viendra se mêler à l'odeur du sapin. Attention à ne pas se piquer le nez quand on viendra la respirer de près !

Avec une orange, des clous de girofle, du raphia...
Disposez les clous de girofle de façon à créer des formes ou à écrire des mots. Le plaisir du nez se lie avec le plaisir des yeux !

L'OUÏE

EN CHANSON

Le temps de Noël sifflote sa musique un peu partout. C'est le moment d'écouter pour de vrai un air de Noël.

1. Le choisir avec soin dans ses ressources ou en le téléchargeant. Certains sites regroupent des musiques venues des quatre coins du monde.
2. Créer l'ambiance en allumant quelques bougies, ou la guirlande du sapin.
3. S'installer confortablement.
4. Pendant un instant, ne rien faire d'autre que se laisser habiter par la musique.

Le toucher

À Noël, on s'embrasse beaucoup. Une accolade pour dire bonjour à ceux qu'on n'a pas vus depuis longtemps, un baiser pour se dire merci ou des petits bisous juste parce qu'on est heureux d'être ensemble. Vite envolé, ce simple geste traduit ce qui vient du cœur. Attention, il n'aura pas le même effet s'il est du genre rapide et mécanique, que s'il est tendre et sincère.

PENSER AUX AUTRES

LE GOÛT

Un aliment, on peut l'avaler, l'engloutir ou bien le savourer. Ce n'est pas tout à fait pareil. C'est un peu comme l'existence, par moments on la goûte, à d'autres on l'avale à toute vitesse, sans rien vouloir sentir. Faites l'expérience de cette gourmande comparaison en dégustant un chocolat.

Dans une grande boîte où il faut te chercher,
ça y est, chocolat, je t'ai trouvé.
Avant de te mettre dans ma bouche,
je te regarde, je te sens, je te touche.
Et maintenant, comment vais-je te goûter?
Te laisser fondre, te croquer ?
Quel goût secret tu me caches ?
Noisette, gaufrette, ganache, pistache...

LA VUE

PENSER AUX AUTRES

Parmi toutes les lumières qui clignotent à la nuit tombée, il en est certaines qui brûlent d'un feu particulier. Depuis plus de vingt ans, une flamme est rapportée de la grotte de la Nativité de Bethléem pendant le mois de décembre, puis transmise comme un message de paix dans toute l'Europe. Tout le monde peut venir la chercher et l'offrir autour de soi. Davantage d'infos sur www.lumieredebethleem.fr/

Une bougie multicolore

AVEC LES MAINS

Matériel

- 1 petit pot en verre
- 1 bougie chauffe-plat
- sel fin
- craies de couleur
- vieux bol

1 Versez du sel dans le bol. Choisissez une craie de couleur, écrasez-la en malaxant le sel avec. Petit à petit, celui-ci se colore.

2 Versez la poudre obtenue dans le pot en verre. Continuez en alternant les couleurs.

3 À la fin, posez la bougie au-dessus.

En ces jours de fête, la table rassemble plus que jamais pour partager de bonnes choses. Certains aiment innover et créer la surprise, d'autres préfèrent retrouver des plats traditionnels. Il existe des coutumes de Noël dans toutes les régions, et c'est plutôt alléchant de les découvrir.

Les 13 desserts

En Provence, on termine le réveillon de Noël par treize desserts. Chacun autour de la table mange un peu de chaque. En voici la liste, qui varie un peu selon les endroits.

Une pâtisserie : la pompe à huile, brioche dont on coupe les morceaux à la main.

Des confiseries : le nougat blanc, le nougat noir. Les quatre mendiants : les figues sèches, les amandes, les raisins secs, les noisettes.

Des fruits, frais ou confits : raisins, pommes, poires, pâte de coing, oranges ou mandarines, dattes.

Ces desserts sont au nombre de treize pour rappeler les treize participants de la Cène, le Christ et ses apôtres. La couleur marron des quatre mendiants renvoie aux vêtements des moines franciscains, carmes, dominicains et augustins. La datte évoque le Christ, germe de vie venu d'Orient.

RECETTE La pompe à huile :

INGRÉDIENTS :

- 350 g de farine
- 10 cl d'eau
- 75 g de sucre
- 2 cuillérées à soupe d'huile d'olive
- 1/2 sachet de levure de boulanger
- 10 g de sel
- 1 œuf
- 3 cuillérées à soupe d'eau de fleurs d'oranger
- zestes d'une orange et d'un citron

1 Mélangez tous les ingrédients et pétrissez la pâte jusqu'à ce qu'elle soit bien lisse. Laissez reposer 2 heures.

2 Aplatissez en ovale de 3 cm d'épaisseur sur une plaque allant au four.

3 Faites des fentes avec un couteau pointu et écartez la pâte pour lui donner sa forme finale.

4 Laissez reposer encore 1/2 heure, puis faites cuire à 220 °C 15 minutes.

Pour se réchauffer

RECETTE

En Alsace, on aime se réchauffer autour d'un vin chaud et parfumé. Facile à faire, il est réservé aux plus grands.

1. Versez dans une casserole 1 litre de vin rouge, 250 g de sucre, 1 bâton de cannelle, 2 étoiles d'anis, 2 clous de girofle, une pincée de noix de muscade, le zeste d'un citron et d'une orange.
2. Faites bouillir 5 minutes, filtrez. C'est prêt, c'est chaud, c'est bon !

Pour les petits :
Avec les mêmes ingrédients, on peut fabriquer un jus d'orange parfumé en remplaçant le vin par un litre de jus d'oranges pressées.

La bûche aux marrons

RECETTE

Il est certaines recettes qui passent de génération en génération. Chut, gardez-le pour vous, celle-ci en fait partie :

1 Dans un saladier, versez le sucre et découpez le beurre ramolli en petits morceaux.

2 Passez au presse-purée quelques marrons au-dessus du saladier, et mélangez à la fourchette. Recommencez cette opération jusqu'à la fin des marrons.

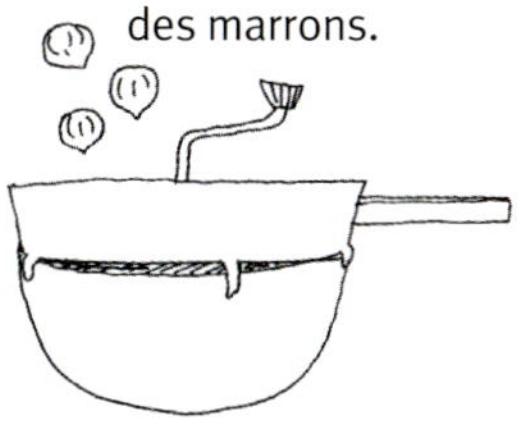

3 Dans un plat long, façonnez la pâte en forme de bûche.

4 Faites fondre le chocolat avec un peu d'eau et versez-le sur le gâteau. Pour faire encore plus vrai, tracez les stries de l'écorce à la fourchette.

INGRÉDIENTS :
- 500 g de marrons cuits et tièdes (frais, en bocal ou surgelés)
- 250 g de beurre
- 150 g de sucre
- 200 g de bon chocolat noir

La bûche trône sur la table. Mais à l'origine, elle était allumée dans les cheminées la nuit de Noël. Très grosse, elle pouvait brûler trois jours, et apporter lumière et chaleur. En cela, elle symbolise le Christ qui vient apporter sur la terre le feu et la lumière.

« Noël, c'est Jésus qui naît. » Voilà ce qu'en disent les enfants qui tentent de donner une dimension spirituelle à cette fête de fin d'année. La vérité sortant parfois de leur bouche, cette phrase résume assez bien la foi chrétienne, qui célèbre à Noël la venue de Jésus, à la fois il y a deux mille ans, à la fin des temps et dans le cœur des hommes à tout instant. Il est venu, Il vient, Il reviendra.
Mais au quotidien, cela change quoi ?

Un anniversaire

Fêté en commun par tous les chrétiens du monde, Noël rappelle la naissance de Jésus il y a deux mille ans. Cette fête est donc un anniversaire. Les hommes se souviennent de cet évènement, le célèbrent dans la liturgie, en lisent le récit dans les Évangiles, le proclament dans leur musique et dans leurs chants. À chaque fois qu'ils « racontent » la venue de Jésus, ils témoignent que tout ça, c'est bien vrai.

méditer

Comment fêter Noël sans oublier l'invité principal ? Il est discret et il ne suffira pas de raconter son histoire, de placer son santon pour qu'il habite réellement les cœurs. Sa présence est intérieure à chacun. Or Noël est un temps particulier où beaucoup d'amour est donné et reçu dans le temps des préparatifs, dans les moments d'effervescence, dans le silence, dans les rencontres... On peut être attentif à la qualité de cet amour, pour que la fête soit une vraie fête qui se prolonge jour après jour.

« *Dans le Nouveau Testament, le bien n'est pas quelque chose à faire, c'est Quelqu'un à aimer. Et c'est ce qu'il faut apprendre aux enfants. Il ne s'agit pas de leur rabâcher cette morale qui est ennuyeuse comme la pluie. Il ne s'agit pas tout le temps de leur donner des conseils mais il faut leur faire respirer cet amour qui attend le leur.* »

Maurice Zundel, *Je parlerai à ton cœur*, Anne Sigier, 1990.

Avec les petits

Crèche vivante

Il est une façon expressive de raconter le récit de la Nativité. À partir de quelques costumes dénichés dans les trésors de la maison (tuniques, tissus, poupon, mouton en peluche...), et le texte de l'Évangile de Luc (Lc 2,1-20), chaque enfant entre dans un rôle et s'avance au fil du récit. Quelques notes de musique peuvent introduire et conclure la scène. Joie et émotion garanties.

UNE NAISSANCE

Noël manifeste aussi la présence du Christ dans le cœur de chaque homme. Cette naissance intime peut advenir à tout moment de la vie. On pourrait dire : chaque jour, c'est Noël. C'est ainsi qu'on peut comprendre les mots de Jésus : « Je suis avec vous tous les jours, jusqu'à la fin du monde. »
Mt 28,20

Un retour

La foi chrétienne place toute l'humanité en marche vers le Royaume de Dieu. Au fil des siècles, les hommes apprennent à aimer véritablement comme Dieu aime, et préparent le retour du Christ. Personne ne connaît la date de ce retour. Célébrer Noël, c'est annoncer cette venue du Christ à la fin des temps. C'est se placer dans cette grande évolution humaine et donner une orientation, un sens à sa propre vie.

« *Le Fils de Dieu s'est fait homme pour nous faire Dieu.* »

Saint Athanase d'Alexandrie

Un calendrier

AVEC LES MAINS

Mettre le Christ au centre de son existence, personne n'y arrive en cinq minutes. C'est plutôt un chemin à prendre chaque jour, toute sa vie. Même si la réalité ultime de la rencontre avec Dieu sort du temps, la marche d'approche s'inscrit dans le temps. C'est le message qu'exprime ce calendrier. À garder ou à offrir.

Prévoir une page par mois, sur laquelle on colle une photo, une œuvre d'art, une citation… Les choisir avec soin pour qu'elles parlent au cœur. Rassembler les 12 pages, perforer deux trous, y passer un fil de raphia et faire un noeud.

+ PRATIQUE : Certains logiciels de mise en page proposent des modèles de calendrier préimprimés.

Bien qu'elle soit faite de terre, de papier et de quelques couleurs peintes, la crèche rayonne d'une présence toute spéciale. Auprès d'elle, on aime s'arrêter, regarder. Et parfois même, les personnages se mettent à parler…

Le ravi, la boulangère et les autres personnages de la crèche ont aussi quelque chose à dire. En les regardant de près, souvent, on les entend mieux. On peut aussi s'aider avec le calendrier de l'avent de Marcelino Truong, *La crèche*, Bayard Éditions.

L'âne

« On me prend pour un ignorant. Mais j'ai quatre sabots bien plantés dans la terre et deux grandes oreilles dressées vers le ciel. L'air de rien, cela m'aide à connaître bien des choses. J'ai marché sur la route depuis Nazareth, j'ai porté Marie et son petit, plus les bagages. C'est vrai, il faisait chaud, ils étaient lourds, mais cela m'était bien égal. Hi han ! Mon secret, c'est qu'auprès d'eux, j'ai le cœur en paix. »

PRIÈRE

Sur le chemin qui grimpe,
Je suis parfois fatigué.
Jésus, donne-moi ton courage.

Sur le chemin qui descend,
Je ne sais pas où je vais.
Jésus, montre-moi ta confiance.

Sur le chemin tout plat,
Je m'ennuie quelquefois.
Jésus, apprends-moi la patience.

HISTOIRE

Ce qu'en dit l'ange Boufaréo

Enregistrée il y a quelques décennies et toujours rééditée, *La pastorale des santons de Provence*, d' Yvan Audouard, sent bon le midi de la France. Une désopilante façon de se mettre dans la peau des santons et de s'approcher de la crèche. Livre CD, Éditions Thierry Magnier.

EN FAMILLE

Prendre son temps

À la messe de minuit, c'est souvent en procession qu'on vient déposer le santon de Jésus dans la crèche. À la maison, on peut aussi mettre au point un petit rituel le soir de Noël ou le 25 au matin.

Joseph

« Je n'avais vraiment pas prévu les choses comme ça. Ils étaient beaux, mes projets, mes rêves de vie avec Marie. Mais voilà, à un moment, patatras ! Tout est devenu impossible... Qu'est-ce que j'ai été malheureux ! Et puis, un jour, j'ai arrêté de tout arranger à ma façon. Dieu a parlé à mon cœur et j'ai dit oui. »

PRIÈRE

Joseph très juste, prie pour nous
Joseph très prudent, prie pour nous
Joseph très courageux, prie pour nous
Joseph très obéissant, prie pour nous
Joseph très fidèle, prie pour nous
Merveille de patience, prie pour nous
Soutien des familles, prie pour nous.

D'après Les litanies de saint Joseph

Les bergers

« Nous, on dormait, tranquilles, et puis on a vu un truc incroyable. On n'a rien compris. Ça nous a même fait une sacrée frousse. Mais c'était plus fort que nous, on est allés voir et on a vu ... Dieu, tout petit, tout proche, tout fragile. Incroyable ! »

PRIÈRE

Le Seigneur est mon berger :
je ne manque de rien.
Grâce et bonheur m'accompagnent
tous les jours de ma vie ;
j'habiterai la maison du Seigneur
pour la durée de mes jours.

Ps 23(22)

C'est humain, on a tendance à faire entrer Dieu dans des petites boîtes raisonnables. Or, il ne peut pas y tenir. Il est plutôt du genre à jouer avec l'incroyable. À Noël, qui célèbre-t-on ? Un roi… né comme un pauvre, Dieu créateur de l'univers… vulnérable et impuissant. On nage en plein paradoxe. Peut-être peut-on chercher Dieu là où les contraires s'embrassent ?

« À quoi pourrons-nous comparer le règne de Dieu ? Il est comme une graine de moutarde : quand on la sème en terre, elle est la plus petite de toutes les semences du monde. Mais quand on l'a semée, elle grandit et dépasse toutes les plantes potagères. » Mc 4,30-32

Infiniment grand et pourtant tout petit

DIEU DANS MA VIE

Savoir que le tout petit contient le plus grand invite à ne pas mépriser ce qui est minuscule. Au quotidien, qu'est-ce que cela peut donner ?

- Se nourrir de petites choses : un sourire, un hasard, un service que personne n'a vu.
- Donner leur valeur aux tâches ordinaires.
- Refuser de se décourager, même si les progrès sont microscopiques par rapport au but fixé.
- Se concentrer sur ce qu'on fait à l'instant présent. Attention, il est si court qu'il passe très vite !

Faible donc fort

MÉDITER

Là, on n'est pas aidé par notre monde qui clame à tout vent le contraire. Mais on peut quand même être attentif à ce qui se passe quand :

quelqu'un est malade à la maison : comment vit-il ce moment, quelles sont les réactions de l'entourage … ?

la difficulté paraît insurmontable : est-ce par les chemins faciles qu'on avance vraiment… ?

on est passé par un échec : qu'est-ce qui a changé, qui a fait grandir… ?

« Au contraire, ce qu'il y a de fou dans le monde, voilà ce que Dieu a choisi pour couvrir de confusion les sages ; ce qu'il y a de faible dans le monde, voilà ce que Dieu a choisi pour couvrir de confusion ce qui est fort. » 1 Co 1,27

ABSENT ET PRÉSENT

PENSER AUX AUTRES

Il y a deux mille ans, Jésus était là en chair et en os. Aujourd'hui, ce n'est plus le cas. Il faut donc faire face à une sacrée énigme : la présence invisible de Dieu. Une expérience toute simple peut faire saisir un petit quelque chose de ce mystère. Il suffit pour cela de penser à quelqu'un qu'on aime mais qui n'est pas là.

« Jésus comprit que ses disciples voulaient l'interroger, et il leur dit : "Vous discutez entre vous parce que j'ai dit : D'ici peu, vous ne me verrez plus ; et, encore un peu après, vous me reverrez. Amen, amen, je vous le dis : vous allez pleurer et vous lamenter, tandis que le monde se réjouira. Vous serez dans la peine, mais votre peine se changera en joie." » Jn 16,19-20

Lumière dans la nuit

EN PLEIN AIR

Plutôt que faire un long discours sur ce que peut être une lumière dans la nuit, on peut enfiler son manteau, son bonnet et partir pour une marche à la lueur des flambeaux.

« Le peuple qui marchait dans les ténèbres a vu se lever une grande lumière ; sur ceux qui habitaient le pays de l'ombre, une lumière a resplendi. » Is 9,1

« Les jours se suivent et ne se ressemblent pas », raconte le dicton. C'est vrai, tant ils peuvent paraître très heureux, quelconques ou terriblement difficiles. Quoi qu'il en soit, chaque soir, au moment de ramener le bateau au port, on peut choisir d'ancrer ce qu'on a vécu en Dieu. Ce n'est pas forcément compliqué.

« Entre tes mains, Seigneur, je remets mon esprit. » Ps 31(30)

Dormir : un moment indispensable à la vie

COMPRENDRE

Selon son âge, on consacre au sommeil 25 à 50 % de son temps. Chaque soir, on se laisse partir dans le sommeil, terre inconnue, ce qui oblige à mourir un peu. À la fois, on abandonne une journée qui va devenir hier, on laisse s'endormir la conscience et la volonté, et à la fois, on se refait, les cellules se régénèrent, les systèmes immunitaire, hormonal, cardio-vasculaire prennent des forces. On se prépare à vivre le jour suivant.

Avec les moines

PRIÈRE

Joyeuse Lumière,
splendeur éternelle du Père,
Saint et bienheureux, Jésus Christ !
Venant au coucher du soleil,
Contemplant la lumière du soir,
Nous chantons le Père et le Fils
Et le Saint-Esprit de Dieu.

Hymne ancien du IIe siècle.
Au coucher du soleil, on bénissait les lampes au moment où on les allumait. Cette prière est encore chantée aujourd'hui chaque soir par les moines et beaucoup de chrétiens d'Orient et d'Occident.

Le verrou du soir

MÉDITER

Je ne suis pas un homme de lettres ou de sciences.
J'essaie seulement d'être un homme de prière.
Sans la prière, j'aurais perdu la raison.
Si je n'ai pas perdu la paix de l'âme,
malgré les épreuves,
c'est que cette paix vient de la prière.
On peut vivre quelques jours sans manger
mais non sans prier.
La prière est la clef du matin
et le verrou du soir.
La prière, c'est une alliance sacrée
entre Dieu et les hommes.

Texte attribué à Gandhi

Aujourd'hui, c'est fini

DIEU DANS MA VIE

C'est important de se réserver un temps spécial pour clore la journée. Les parents aiment initier leurs enfants à ces quelques minutes de recueillement, mais finalement, chacun le vit en secret. Cela devient une petite habitude, un rendez-vous qu'on n'oublie plus.
Ce peut être par exemple :

- un regard vers le ciel avant de fermer les volets,
- un moment pour se rappeler ce qu'on a vécu dans la journée, les gens croisés, rencontrés,
- le signe de la croix tracé sur soi,
- une prière avant de se glisser dans son lit...

Chacun trouve son expression propre, mais le sens est le même : placer le fil de sa vie dans l'axe de Dieu.

« *Quand on veut ainsi remettre à Dieu sa vie, il faut la lui remettre chaque jour. Vous connaissez bien la demande du Notre-Père : "Donne-nous aujourd'hui notre pain de ce jour." Quelles qu'en soient la traduction et l'interprétation, elle porte sur "l'aujourd'hui".* »

Cardinal Jean-Marie Lustiger, *Premiers pas dans la prière*, Nouvelle Cité, 1986

Une année s'achève, une autre va commencer ! 365 jours tout neuf ! Ils promettent beaucoup : des joies qu'on espère et des peines qu'on redoute, et au milieu, un tas de choses dont on n'a même pas idée. Qu'y a-t-il à découvrir au cœur de toutes ces expériences inconnues ? On pourrait en avoir peur… Certes, en hiver, les nuits sont longues, mais on sait, au fond de soi, que la lumière l'emporte sur les ténèbres, que ce qui meurt toujours ressuscite…

« Dieu dit : "Que la lumière soit." Et la lumière fut. Dieu vit que la lumière était bonne, et Dieu sépara la lumière des ténèbres. Dieu appela la lumière "jour", il appela les ténèbres "nuit". Il y eut un soir, il y eut un matin : ce fut le premier jour. »

Genèse 1, 3-5

> *« Dans le christianisme, le temps a une importance fondamentale. C'est dans sa dimension que le monde a été créé, c'est en lui que se déroule l'histoire du Salut. [...] En Jésus Christ Verbe incarné, le temps devient une dimension de Dieu qui est en lui-même éternel. [...] Chaque année, chaque jour, chaque moment est inclus dans l'Incarnation et la Résurrection du Christ pour se retrouver ainsi dans la Plénitude du temps. »*
>
> **Jean-Paul II, *Lettre apostolique Tertio Millennio Adveniente***

Références bibliques :

Toutes les références bibliques citées dans cet ouvrage sont issues de la Traduction liturgique de la Bible (AELF), sauf pour les pages mentionnées ci-dessous.

p.9, p.166 :
(TOB) La Bible - Traduction œcuménique, Éditions du Cerf, Société biblique française, 1995.

p.22, p.28, p.48, p.82, p.104, p.116, p.128, p.138 :
(BLS) La Nouvelle Bible Segond, Édition Bibli'O, 2008.

p.34, p.60, p.88, p.110, p.134, p.161, p.208 :
(BFC) Bible en français courant, Société biblique française, 2004.

p.144, p.165, p.182 :
(BJ) Bible de Jérusalem, Éditions du Cerf, 1998.

p.212 :
(BB) La Bible, Édition Bayard, 2001.

Conception graphique
Audrey Simon

Colorisation
Anne Rouquette
pour les illustrations p. 8, 28, 48, 82, 96, 116, 134, 156, 176, 192, 208 et 236

ISBN : 2-7470-2622-2

18, rue Barbès, 92128 Montrouge Cedex
Dépôt légal : mai 2010
Imprimé en Chine

Loi 49-956 du 16 juillet 1949
sur les publications destinées à la jeunesse